하굣길에 좀비를 만났다?

감수 다카니 도모야 | 그림 하나코가네이 마사유키 | 글 G.B. | 옮김 김지영

웅진주니어

차례

이 책을 즐기는 법 --- 5
등장인물 소개 --- 6
이 책에 등장하는 좀비의 정체 ------------------------------- 7

프롤로그 전 세계에서 좀비 사태 발생? ------------------- 10

1st 서바이벌   좀비에게서 도망쳐라!   19

CASE 1 좀비가 나타났다면 ------------------------------ 23
CASE 2 그 자리를 어떻게 벗어날까? --------------------- 23
CASE 3 일단 어디로 숨어야 할까? ----------------------- 24
CASE 4 좀비가 아직 가까이에 있다면 -------------------- 24
CASE 5 어느 목적지로 도망쳐야 할까? ------------------- 25
이래야 산다! 살아남는 방법 ------------------------- 26

2nd 서바이벌   좀비와 싸워라!   31

CASE 1 좀비가 공격한다면 ------------------------------ 35
CASE 2 좀비가 계속 쫓아온다면 ------------------------- 35
CASE 3 좀비의 약점을 어떻게 찾을까? ------------------- 36
CASE 4 좀비의 주의를 어떻게 돌릴까? ------------------- 36
CASE 5 좀비에게 에워싸이게 되었다면 ------------------- 37
이래야 산다! 살아남는 방법 ------------------------- 38

3rd 서바이벌　대피해서 도움을 기다리자!　43

- **CASE 1** 학교 안 어디로 도망칠까? ---------- 47
- **CASE 2** 좀비의 침입에 대처하려면 ---------- 47
- **CASE 3** 화장실에 가고 싶다면 ---------- 48
- **CASE 4** 밤에 너무 춥다면 ---------- 48
- **CASE 5** 도와줄 사람이 올 때까지 뭘 하지? ---------- 49
- 이래야 산다! 살아남는 방법 ---------- 50

4th 서바이벌　정보를 모으자!　55

- **CASE 1** 어떤 정보를 알아야 할까? ---------- 59
- **CASE 2** SNS로 무엇을 체크할까? ---------- 59
- **CASE 3** 가족과 떨어졌을 때 연락하려면 ---------- 60
- **CASE 4** 대피 장소를 확인하려면 ---------- 60
- **CASE 5** 정전이 되면 어떻게 정보를 얻지? ---------- 61
- 이래야 산다! 살아남는 방법 ---------- 62

5th 서바이벌　물과 식량을 구하라!　67

- **CASE 1** 점심으로 무엇을 먹을까? ---------- 71
- **CASE 2** 비상식은 무엇을 준비할까? ---------- 71
- **CASE 3** 마실 물은 어떻게 보관할까? ---------- 72
- **CASE 4** 정전이야! 식사는 어떻게 하지? ---------- 72
- **CASE 5** 대피용 배낭은 어느 크기가 좋을까? ---------- 73
- 이래야 산다! 살아남는 방법 ---------- 74

6th 서바이벌　상처와 병을 치료하자!　79

- **CASE 1** 외출할 때 어떤 물건을 챙길까? — 83
- **CASE 2** 지후가 쓰러져 있다면 — 83
- **CASE 3** 지후의 팔에서 피가 난다면 — 84
- **CASE 4** 지후를 어디로 데려가야 할까? — 84
- **CASE 5** 지후를 어떻게 데려갈까? — 85
- 이래야 산다! 살아남는 방법 — 86

7th 서바이벌　좀비보다 무서운 것?　91

- **CASE 1** 대피소에서 식사한다면 — 95
- **CASE 2** 배급받은 물은 어떻게 하지? — 95
- **CASE 3** 어린이용 침낭은 누가 쓸까? — 96
- **CASE 4** 대피소 화장실이 더럽다면 — 96
- **CASE 5** 이상한 소문이 돌아다닌다면 — 97
- 이래야 산다! 살아남는 방법 — 98

8th 서바이벌　서로 힘을 합치자!　103

- **CASE 1** 좀비 습격을 어떻게 알릴까? — 107
- **CASE 2** 좀비 습격에 어떻게 대처할까? — 107
- **CASE 3** 좀비를 유인하려면 — 108
- **CASE 4** 좀비의 움직임을 어떻게 막지? — 108
- **CASE 5** 좀비를 어떻게 붙잡을까? — 109
- 이래야 산다! 살아남는 방법 — 110

에필로그 좀비 사태도 두렵지 않아! — 114
세계가 술렁인다! 좀비피디아 — 122

이 책을 즐기는 법

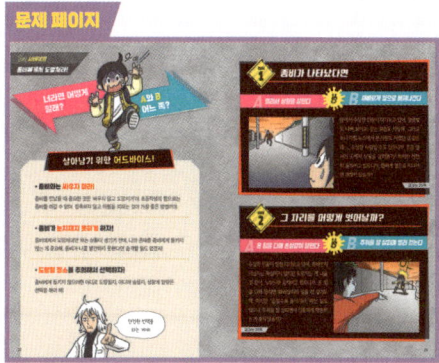

A 또는 B, 살아남기 위해 선택하라!

눈앞에 닥쳐오는 다양한 위기 상황! 상상력을 총동원해서 A, B 중 하나를 골라야 한다. 그림과 글 속에 힌트가 숨어 있을지도?

틀려도 게임 오버는 아니야!

실제로 일어나지 않은 상황이어도 '만약'이라는 가정 하에 진지하게 생각한다면 반드시 답을 찾을 수 있어! 틀려도 괜찮아. 오답을 통해서도 서바이벌 능력이 진화할 수 있을 거야!

아이템과 트레이닝으로 살아남자!

위기 상황에서 사용할 수 있는 편리한 아이템과, 서바이벌 감각을 높여 줄 트레이닝 방법을 소개하지. 이 챕터까지 마스터하면 우리는 서바이벌 전문가!

등장인물 소개

준

이 책의 주인공. 초등학교 4학년 남자아이. 운동도 공부도 반에서 평균 수준이다. 가족과 친구를 소중하게 여기며, 정의감이 강하다.

쇼지

좀비 박사. 좀비 연구의 일인자. 좀비를 꾸준히 연구해 전 세계에서 가장 먼저 백신을 개발한다. 흥분하면 말을 멈추지 않는다.

아빠

준과 유리의 아빠. 소방관이며, 체력만큼은 자신이 있다.

엄마

준과 유리의 엄마. 특기는 캠핑 요리 만들기.

유리

준의 여동생. 초등학교 3학년으로 무서운 것을 무척 싫어한다.

지후

준의 친구. 밝고 활기찬 성격이지만, 까불거릴 때가 있다.

이 책에 등장하는 좀비의 정체

이야기를 시작하기 전에, 이 책에 등장하는 '좀비'에 대해 알아보자.
이런 좀비가 나타난다면 어떻게 해야 할까?

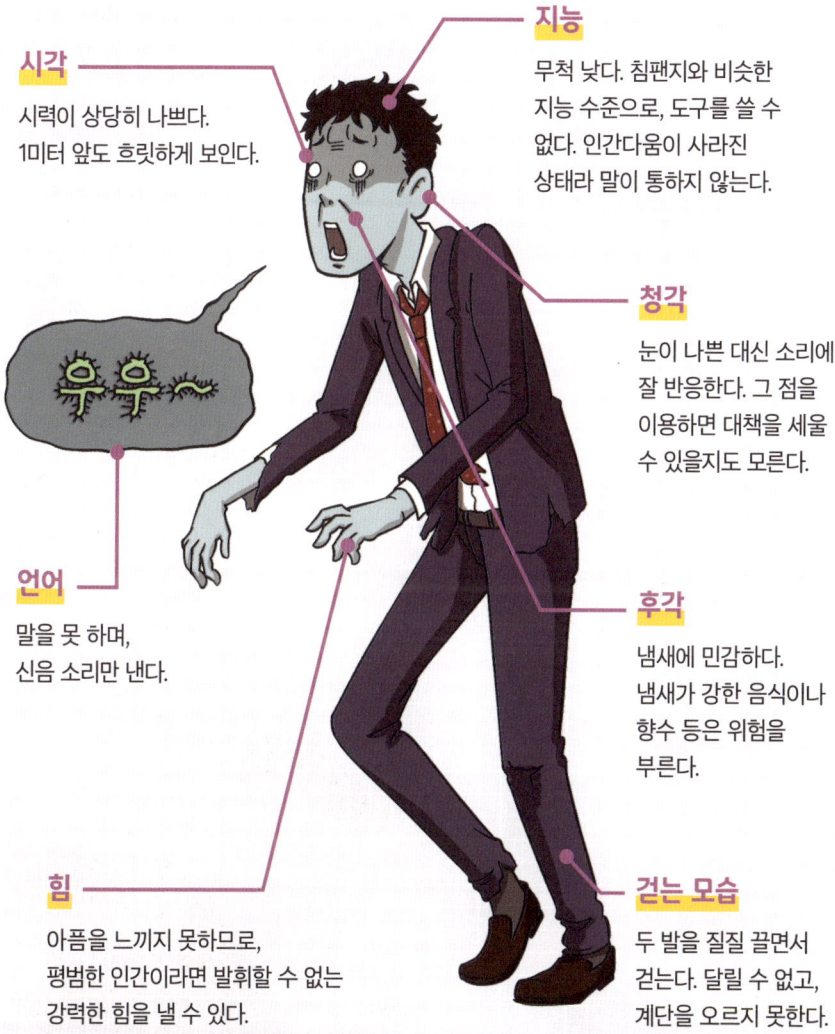

시각
시력이 상당히 나쁘다.
1미터 앞도 흐릿하게 보인다.

지능
무척 낮다. 침팬지와 비슷한 지능 수준으로, 도구를 쓸 수 없다. 인간다움이 사라진 상태라 말이 통하지 않는다.

청각
눈이 나쁜 대신 소리에 잘 반응한다. 그 점을 이용하면 대책을 세울 수 있을지도 모른다.

언어
말을 못 하며,
신음 소리만 낸다.

후각
냄새에 민감하다.
냄새가 강한 음식이나 향수 등은 위험을 부른다.

힘
아픔을 느끼지 못하므로, 평범한 인간이라면 발휘할 수 없는 강력한 힘을 낼 수 있다.

걷는 모습
두 발을 질질 끌면서 걷는다. 달릴 수 없고, 계단을 오르지 못한다.

이 책에 등장하는 **좀비의 정체**

Q1 어른도 아이도 다 좀비가 돼?

A1 누구나 좀비가 돼.

좀비에게 몸 어딘가를 물리거나 긁히면, 어른이든 아이든 상관없이 좀비 바이러스에 감염돼. 감염되면 서둘러 적절한 치료를 받아야 해. 그러지 않으면 좀비가 되어서 무차별적으로 인간을 공격하게 되고 말아.

`6th 서바이벌 체크!`

Q2 좀비에게 습격을 당하면 어떻게 돼?

A2 감기와 비슷한 증상이 나타나면서 좀비로 변해.

좀비 바이러스에 감염된 사람은 우선 몸이 나른해지고 열이 나. 사람마다 다르지만, 보통 24~48시간 뒤에 갑자기 의식을 잃고 다시 눈을 떴을 때는 바이러스에 지배당해 좀비가 되어 버리지.

`6th 서바이벌 체크!`

Q3 좀비는 왜 사람을 습격해?

A3 동료를 늘리기 위해서야.

좀비 바이러스는 더 많은 동료를 만들기 위해 인간의 뇌를 조종해. 그래서 좀비들은 바이러스의 영향으로 인간들을 습격하게 되는 거야.

6th, 8th 서바이벌 체크!

Q4 좀비가 되었다가 다시 인간이 될 수 있어?

A4 가능해.

좀비에서 다시 인간으로 돌아올 수 있어. 그러기 위해서는 좀비 박사가 개발한 백신이 필요해. 많은 사람에게 백신을 주사하기 위해 좀비 전문 진료소도 만들 계획이야. 하지만 좀비 박사 혼자서는 백신을 만드는 데 한계가 있으니, 전 세계 사람들을 구하려면 시간이 좀 걸릴 것 같아.

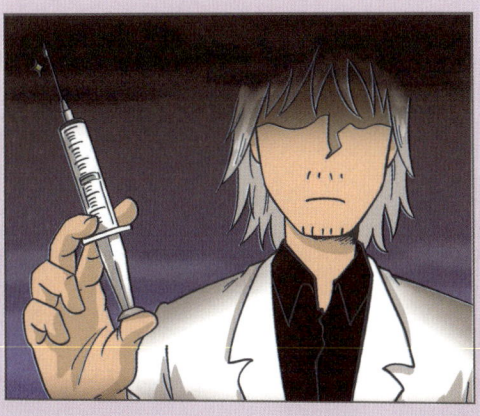

7th 서바이벌 체크!

1st 서바이벌

좀비에게서 도망쳐라!

1st 서바이벌
좀비에게서 도망쳐라!

살아남기 위한 어드바이스!

◆ 좀비와는 싸우지 마라!

좀비를 만났을 때 중요한 것은 '싸우지 않고 도망치기'야. 초등학생의 힘으로는 좀비를 이길 수 없어. 접촉하지 않고 위험을 피하는 것이 가장 좋은 방법이야.

◆ 좀비가 눈치채지 못하게 하자!

좀비에게서 도망쳐야만 하는 상황이 생기기 전에, 나의 존재를 좀비에게 들키지 않는 게 중요해. 좀비가 나를 발견하지 못한다면 습격할 일도 없겠지!

◆ 도망칠 장소를 주의해서 선택하자!

좀비에게 들키지 않으려면 어디로 도망칠지, 어디에 숨을지, 상황에 알맞은 선택을 해야 해!

안전한 선택을 하는 거야!

좀비가 나타났다면

A 멀리서 상황을 살핀다  **B** 재빠르게 옆으로 빠져나간다

앞에서 수상한 인물이 다가오고 있어. 얼굴빛도 나빠 보이고, 걷는 모습도 이상해. 그러고 보니 아침 뉴스에서 본 사람도 저랬던 것 같은데…. 수상한 사람일 수도 있으니까, 조금 떨어진 곳에서 상황을 살펴볼까? 하지만 천천히 움직이고 있으니까, 잽싸게 옆으로 지나가면 괜찮지 않을까?

결과는 26쪽

그 자리를 어떻게 벗어날까?

A 온 힘을 다해 쏜살같이 달린다  **B** 주위를 잘 살피며 빨리 걷는다

수상한 인물이 점점 다가오고 있어. 좀비인지 아닌지는 확실하지 않지만 도망치는 게 나을 것 같아. 느릿느릿 움직이고 있으니까, 온 힘을 다해 달리면 따라잡히지 않을 것 같기도 해. 하지만 "급할수록 돌아가라."라는 말도 있으니, 주위를 잘 살피면서 신중하게 행동하는 게 좋지 않을까?

결과는 26쪽

일단 어디로 숨어야 할까?

A 높은 곳으로 올라간다   **B** 그늘에 숨는다

좀비처럼 보이는 사람에게서 일단 벗어날 수 있었어. 지금 당장은 안전해 보이는 곳에 숨고 싶어. 초조하게 숨을 곳을 찾다가 평소에 자주 가던 공원에 도착했어. "좋아, 일단 여기에 숨자." 정글짐 꼭대기로 도망칠까, 아니면 미끄럼틀 안으로 들어갈까? 어디로 가야 들키지 않을 수 있을까?

결과는 26쪽

좀비가 아직 가까이에 있다면

A 소리에 귀를 기울인다   **B** 몸을 내밀어 응시한다

누군가가 공원에 들어왔어! 경찰이라면 도움을 구할 수 있을 텐데, 누군지 확인할 방법이 없을까…. 그러고 보니 아까 좀비 같은 수상한 사람은 발을 질질 끌고 있었으니까, 귀를 기울이면서 상황을 살필까? 아니면 아직 멀리 있으니 잠깐 밖으로 몸을 내밀어 봐도 괜찮을까?

결과는 27쪽

어느 목적지로 도망쳐야 할까?

A 가까운 학교로 돌아간다 **B** 조금 멀지만 집으로 간다

좀비처럼 보이는 사람에게서 겨우 도망쳤어. 하지만 어떡하지? 집까지는 아직 한참 남았는데…. 이대로 집으로 돌아가는 건 위험할지도 몰라. 이럴 때는 집보다 가까운 학교로 돌아가는 게 안전하려나? 하지만 빨리 집으로 돌아가서 아빠와 엄마, 유리를 만나고 싶어. 어느 쪽을 선택하는 게 좋을까?

결과는 27쪽

결과 확인!
좀비에게서 도망치기는 성공? 실패?

>>>

'살아남는 방법'을 체크하자!

1st 서바이벌 · 좀비에게서 도망쳐라!
살아남는 방법

\이래야 산다!/

좀비에게서 도망치기 위해 어떤 선택을 했니? 과연 무슨 일이 벌어질까? 설명을 잘 읽고 서바이벌 능력을 키워 보자!

CASE 1   좀비가 나타났다면

큰 재해 같은 비상사태가 발생하면, 인간의 뇌는 '있을 수 없는 일'이라는 착각을 일으킨다고 해. 이런 뇌의 작용을 '정상화 편향'이라고 불러. 좀비와 마주친 위험한 상황에서, 있을 수 없는 일이라고 착각해 가까이 다가간다면 당연히 게임 오버야. 정답은 **'A 멀리서 상황을 살핀다'**. 평소에도 '위험한 일이 생길지도 몰라.' 하고 예측하는 습관을 들이자.

CASE 2   그 자리를 어떻게 벗어날까?

아마 있는 힘껏 달려서 좀비에게서 도망치고 싶은 마음으로 가득할 거야. 하지만 준비 운동도 하지 않은 채 갑자기 달리면 다칠 수도 있고, 체력을 다 써 버릴지도 모르니 오히려 위험해. 게다가 주위를 살피지 않고 달리기에만 집중하면 자동차나 자전거, 지나가는 사람과 모퉁이에서 부딪쳐 사고가 날 위험도 있어. 그러니까 정답은 **'B 주위를 잘 살피며 빨리 걷는다'**야.

CASE 3   일단 어디로 숨어야 할까?

'B 그늘에 숨는다'가 정답. 좀비는 높은 곳에 올라가지 못하지만, 널 발견한다면 결국 네가 내려올 때까지 계속 기다릴 거야. 도움을 요청할 수 없는 상황을 만드는 것은 금물이야!

CASE 4 좀비가 아직 가까이에 있다면

다가오는 사람이 좀비인지, 날 도와줄 경찰인지 모르는 상태에서 무작정 몸을 내밀어 확인하는 건 무척 위험해. 만약 좀비라면 일부러 내 존재를 알려 주게 되는 셈이니까. 이 경우에는 'A 소리에 귀를 기울인다'가 정답이야. 좀비는 발을 질질 끌면서 걸으니까, '스윽 스윽' 하는 소리가 들린다면 좀비일 가능성이 높겠지?

CASE 5 어느 목적지로 도망쳐야 할까?

하굣길에 좀비와 마주쳤으니 집까지 가는 길에도 좀비가 또 나타날 수 있어. 따라서 정답은 'A 가까운 학교로 돌아간다'야. 단, 사람이 많이 모이는 곳은 좀비가 있을 가능성도 커져. CASE 5는 수업이 끝난 후라서 학교에 있는 사람 수가 적으니 안전하다고 할 수 있지.

FINAL CHECK

- 주위에서 일어날 수 있는 위험에 대비하는 힘을 갖자.
- 패닉에 빠지면 생명이 위험해진다.
- 위험에서 멀어지는 것이 살아남는 가장 빠른 길.

아이템

도망칠 때도 만반의 준비를 하자!

학교에서 집까지의 지도

휴대폰 배터리가 다 닳았을 때도 종이로 된 지도라면 언제 어디서든 볼 수 있어. 병원과 파출소의 위치도 나와 있고, 집으로 가는 길을 파악할 때도 도움이 되겠지!

> 종이 지도는 가지고 있으면 언제든 꺼내 볼 수 있어!

튼튼한 밑창이 달린 신발

평소에 신는 신발보다 튼튼한 밑창이 달린 신발을 준비해 두자. 유리 등으로부터 발바닥을 보호하고 험한 길에서도 안심하고 돌아다닐 수 있어.

> 끈을 묶거나 풀 필요 없이 한 번에 조이고 푸는 퀵레이스 타입의 신발은 신고 벗기 편해.

스마트워치

스마트워치는 현재 있는 곳을 지도상에서 확인할 수 있는 GPS 기능이 탑재되어 있어서 도망칠 때 편리해. 비상벨이 달린 기종도 있어.

> 손목시계인데 기능이 아주 다양해!

TRAINING 트레이닝

안전하게 도망치자!

길모퉁이의 달인이 되자

골목길을 걸을 때 앞만 신경 쓰면 모퉁이에서 튀어나온 보행자나 달리는 자전거와 부딪칠 위험이 있어. 모퉁이에서는 오른쪽 그림의 파란색 화살표처럼 멀찍이 돌아가도록 하자. 그럼 보이지 않는 곳에서 나오는 사람이나 탈것에 부딪히는 것을 피할 수 있어.

학교 가는 길을 샅샅이 파악하자

도로 표지판과 방범 카메라의 위치, 모퉁이 너머가 잘 보이지 않는 교차로 등, 학교 가는 길에 있는 여러 가지 정보를 기억해 두자. 무엇보다 위기 상황에서 도망칠 수 있도록 파출소의 위치를 알아 두면 큰 도움이 될 거야!

칼럼 | '좀비'라는 단어의 유래는?

'좀비'라는 말의 유래를 알고 있니? 아프리카 대륙에 있는 콩고라는 나라의 태초신 '은잠비'에서 유래했다고 알려져 있어. 그 말이 다른 나라로 퍼지면서 '좀비'로 변했다고 해. 좀비가 탄생한 유래가 궁금하다면 좀비피디아(122쪽)에서 확인해 봐.

NEXT 서바이벌

동생을 지키기 위해
좀비와 대결하라!

좀비의 습격을 피해 도망친 준.
선생님에게 도움을 요청하기 위해 홀로 학교로 돌아가던 중,
여동생 유리와 그 친구가 좀비에게 습격당하는 장면을 목격했어!
준은 두 사람을 지키기 위해 뛰어들었지만, 역부족이야.
이번에는 도망칠 수 있을 것 같지 않은데….
과연 준은 두 사람을 지켜 낼 수 있을까?
절체절명 위기의 순간, 너라면 어떻게 할래?

2nd 서바이벌

좀비와 싸워라!

2nd 서바이벌
좀비와 싸워라!

너라면 어떻게 할래?

A와 B 어느 쪽?

살아남기 위한 어드바이스!

◆ 좀비와 **거리**를 벌려라!

좀비에게 붙잡히면 정말 큰일이야. 무조건 좀비와 접촉하지 않도록 해야 해. 좀비의 손이 닿지 않을 정도로 거리를 벌리는 방법을 생각해 보자!

◆ 좀비를 **유인**해라!

지금 가지고 있는 아이템을 사용해서 좀비를 잘 유인해 보자. 좀비의 주의를 돌려서 도망칠 시간을 버는 거야!

◆ **도망**치는 게 **최선**!

힘이 센 좀비와 정면으로 맞서 봤자 승산은 없어. 무리하게 싸우려 하지 말고, 일단 도망치는 것을 목표로 삼자!

좀비에게 붙잡히면 끝이야!

좀비가 공격한다면

A 책가방으로 공격한다  **B** 책가방으로 방어한다

용기를 내 좀비 앞을 막아섰지만, 어떻게 하면 좋지? 좀비는 이미 공격하려고 움직이기 시작했어! "공격은 최선의 방어."라는 말도 있으니, 책가방을 휘둘러서 좀비를 공격할까? 아니면 좀비의 공격에 책가방으로 잽싸게 방어하는 게 나을까?

결과는 38쪽

좀비가 계속 쫓아온다면

A 장애물 만들기  **B** 좁은 골목으로 도망치기

겨우 좀비와 거리를 벌릴 수 있었어. 하지만 좀비가 끈질기게 계속 쫓아와! 어떻게든 따돌려야 하는데…. 마침 여기 자전거가 있네? 이걸 쓰러뜨려서 길을 막을까? 상황도 촉박한데 쓸데없는 짓 하지 말고, 좁은 골목 안으로 도망치는 게 나을까?

결과는 38쪽

 ## 좀비의 약점을 어떻게 찾을까?

A 가까이에서 몰래 관찰하기  **B** 멀리서 찬찬히 관찰하기

학교까지는 아직 조금 거리가 있어. 앞으로 좀비를 또 마주치게 될 수도 있으니, 안전하게 도망치기 위한 정보가 필요해. 좀비에 대해 자세히 알아보고 싶은데, 가까이에서 관찰하는 게 좋을까? 아니면 멀리서 시간을 들여 찬찬히 관찰하는 게 좋을까? 과연 어느 쪽이 정답일까?

결과는 38쪽

 ## 좀비의 주의를 어떻게 돌릴까?

A 방범벨을 던진다  **B** 큰 소리로 불러 유인한다

잘 관찰해 보니 아무래도 좀비는 소리에 민감한 것 같아. 안전하게 도망치기 위해서 좀비의 주의를 돌리려면 어떻게 해야 할까? 그래, 책가방에 달아 뒀던 방범벨을 울리게 해서 멀리 던지면 좀비도 그쪽으로 가겠지? 잠깐, 큰 소리로 불러 주의를 끈 다음 지름길로 도망치는 게 간단하려나?

결과는 39쪽

좀비에게 에워싸이게 되었다면

A 혼자서 유인한다 **B** 다 함께 힘을 합친다

CASE 4의 좀비와 거리를 벌리는 데 성공해서 학교로 향하던 길. 그런데 또 다른 좀비가 등장했어! 황급히 도망칠 길을 찾아 봤지만, 뒤에도 옆에도 좀비가 있어. 학교로 돌아가는 일만 생각하다가 좀비가 접근하는 걸 눈치채지 못했어…. 내가 미끼가 되면 두 사람을 구할 수 있을 것 같아. 하지만 함께 힘을 합쳐 작전을 세운다면 모두 살 수 있을지도?

결과는 39쪽

결과 확인!
좀비 물리치기는 성공? 실패? >>> '살아남는 방법'을 체크하자!

2nd 서바이벌・좀비와 싸워라!
살아남는 방법

이래야 산다!

좀비를 물리치기 위해 어떤 선택을 했니? 과연 무슨 일이 벌어질까?
설명을 잘 읽고 서바이벌 능력을 키워 보자!

CASE 1 좀비가 공격한다면

가장 중요한 건 좀비에게 잡히지 않는 거야. 여기에서는 'B 책가방으로 방어한다'가 정답. A를 선택해서 공격에 성공한다 하더라도, 상대방은 어른 좀비이므로 어린이의 힘으로는 큰 타격을 줄 수 없을 거야. 더 안전하게 도망치기 위해서라도 무조건 방어하는 게 정답이야. 책가방은 안에 책이 들어 있어서 무겁고 단단하니까 좀비의 공격을 막기 좋은 아이템이지.

CASE 2 좀비가 계속 쫓아온다면

좀비와 거리를 벌리는 데 효과적인 것은 'A 장애물 만들기'야. 골목길로 도망친다고 하더라도, 만약 골목 안에 좀비가 있다면 앞뒤로 둘러싸이고 말겠지. 꼭 자전거가 아니더라도 쓰레기통이나 공사 현장에 놓인 삼각뿔 등 주위를 잘 살펴보고, 장애물로 사용할 만한 물건을 찾아 봐. 길을 막으면 좀비에게서 벗어날 시간을 벌 수 있을 거야.

CASE 3 좀비의 약점을 어떻게 찾을까?

더 안전한 방법은 'B 멀리서 찬찬히 관찰하기'야. 좀비에게 너무 가까이 가면 냄새 때문에 발각될 수도 있어. 멀리서 관찰하더라도 '계단을 오르지 못한다', '소리에 강하게 반응한다'처럼 약점을 발견할 수 있을 거야.

CASE 4   좀비의 주의를 어떻게 돌릴까?

7쪽에서 소개한 것처럼 좀비는 눈이 나쁘고 소리에 강하게 반응해. 하지만 큰 소리를 내서 좀비의 주의를 끈다 해도, 좀비가 따라잡아서 붙잡으면 끝이야. 그래서 정답은 'A 방범벨을 던진다'. 소리 나는 물건을 도망치는 쪽과 반대 방향으로 던져서, 좀비가 반대쪽으로 향하는 동안 안전하게 도망치는 거야. 만일 방범벨이 없다면, 꼭 하나 장만해서 책가방에 달아 두자!

CASE 5   좀비에게 에워싸이게 되었다면

내가 희생한다고 해도 다른 사람이 살아남는다는 보장은 없어. 살아남기 위해서는 'B 다 함께 힘을 합친다'는 자세가 중요해. 예를 들어 줄넘기 같은 밧줄 형태의 물건이 있을 경우, 우선 한 사람이 큰 소리를 내서 좀비의 주의를 끌어. 그사이에 다른 두 사람이 줄넘기 양 끝을 각각 잡고, 전속력으로 달리면서 좀비의 발을 걸어 넘어뜨리는 거야. 위기 상황은 무조건 팀플레이로 헤쳐 나가자.

FINAL CHECK

- 위험한 상황에서는 일단 거리를 벌리자.
- 안전한 곳에서 차분하게 관찰하자.
- 주위에 사용할 수 있는 물건이 있는지 잘 살펴보자.

아이템

방어력을 높이자!

🎁 원터치 자동 우산

버튼을 누르면 바로 펼쳐지는 자동 우산은 좀비와 거리를 벌리는 데 아주 효과적이야. 투명 우산이 아니면 좀비가 잘 보이지 않을 테니까, 이왕이면 투명 우산으로 준비하자!

> 좀비와 사회적 거리 확보!

🎁 LED 손전등

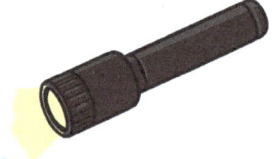

도망치다가 어두운 곳에 가게 될 때 유용해. 빛으로 좀비를 유인할 수 있고, 무엇보다 LED는 오래 사용할 수 있지!

> 최대 10년까지 쓸 수 있는 제품도 있어.

🎁 호루라기 · 방범벨

소리가 나는 물건은 다른 사람에게 도움을 요청할 때 쓸 수 있어. 특히 호루라기는 소리가 커서 멀리까지 잘 들리지. 단, 좀비는 소리에 민감하니까 사용할 타이밍을 잘 생각해야 해.

> 도움을 요청해서 위기를 벗어나자!

TRAINING 💪 트레이닝

> 위기 상황에서 패닉에 빠지지 말자!

💪 긴장을 푸는 법을 알아 두자

길에서 좀비와 마주치거나 재해가 발생했을 때 무엇보다 중요한 것은 차분하게 행동하는 거야. 긴장하거나 불안감이 계속되면 패닉에 빠질 수 있어. 심호흡을 하거나 눈을 감고 마음을 진정시키자.

💪 물건을 잘 관리하자

어떤 물건이든 망가져 버리면 정작 위기 상황에서 도움이 되지 않아. 평소에 물건이 잘 작동하는지 꼼꼼하게 점검하고, 망가졌다면 새로 준비해 두자. 이렇게 소중하게 잘 관리한 물건이 널 위기에서 구해 줄 거야!

칼럼 — '한국판 좀비'가 있을까?

한국에는 좀비 같은 존재는 없지만, '도깨비'가 있어. 조선 시대 『월인천강지곡』과 이익의 『성호사설』에 기록되어 있지. 『월인천강지곡』에서 도깨비는 머리에 불이 활활 타오르고, 이와 손톱, 발톱이 엄청나게 긴 무시무시한 모습으로 표현되었다고 해.

NEXT 서바이벌

학교에서도
서바이벌은 계속된다!

유리와 친구를 지키고, 겨우 위기에서 벗어나 학교로 향한 준.

소란스러운 소리를 듣고 밖으로 나온

선생님의 도움으로 학교 안에 들어갈 수 있었어.

무사히 학교에 도착했지만 아직 좀비가 사라진 건 아니야.

집에 돌아갈 수 있다고 믿고

유리를 지키면서 좀비의 습격을 버텨 내야만 해!

절체절명 위기의 순간, 너라면 어떻게 할래?

3rd 서바이벌

대피해서 도움을 기다리자!

3rd 서바이벌
대피해서 도움을 기다리자!

교문 앞까지 좀비가 몰려왔어…! 선생님들의 도움으로 아슬아슬하게 위기를 벗어났지만, 학교가 100% 안전하다고는 장담할 수 없어. 도와줄 사람이 올 때까지 살아남을 방법을 찾아내자!

3rd 서바이벌
대피해서 도움을 기다리자!

너라면 어떻게 할래?

A와 B 어느 쪽?

살아남기 위한 어드바이스!

◆ 침입을 막자!

좀비들이 학교 주위를 계속 어슬렁거리고 있어. 교문 정문과 후문, 창문 등 잠글 수 있는 곳은 모두 다 잠그자!

◆ 출입구를 여러 개 확보하자!

숨어 있을 장소는 출입구가 두 개 이상 있는 곳을 고르자. 출입구가 하나밖에 없으면 좀비가 침입했을 때 빠져나갈 수 없어!

◆ 화장실이 의외로 중요해!

사람은 2~3일 정도는 밥을 먹지 않아도 괜찮지만 화장실은 참을 수 없어. 화장실에 안전하게 갈 수 있는 방법을 떠올리자!

안전하게 대피할 곳을 마련하자!

학교 안 어디로 도망칠까?

A 넓은 체육관 **B 2층의 교실**

학교에 들어오기는 했는데, 어디로 도망쳐야 가장 안전할까…. 좀비가 침입했을 때를 생각하면 도망 다닐 수 있는 넓은 체육관이 나을까? 그런데 길에서 본 좀비는 계단 앞에서 넘어질 뻔했잖아. 아마 계단을 잘 오르지 못하는 것 같은데, 2층에 있는 교실로 가면 안전하지 않을까?

결과는 50쪽

좀비의 침입에 대처하려면

A 문에 바리케이드 설치하기 **B 도망칠 길을 확보하기**

우선 안전하다고 생각되는 곳으로 도망쳤어. 만약을 위해 이곳에 방어 태세를 갖추고, 도망칠 길도 확보해 두고 싶어. 주변에 있는 물건을 이용해서 문 앞에 바리케이드를 치는 게 좋을까? 하지만 빠르게 도망칠 수 있도록 문 앞에 아무것도 두지 않는 편이 좋을지도? 뭐가 맞을까…?

결과는 50쪽

 ## 화장실에 가고 싶다면

A 선생님과 함께 간다 **B 혼자서 몰래 간다**

좀비가 침입했을 때의 대비책도 세웠고, 이제 한숨 돌리려고 해. 갑자기 긴장이 풀려서인지 화장실에 가고 싶어졌어! 너무 급한데 어떡하지? 좀비가 무서우니까 선생님께 같이 가 달라고 할까? 하지만 선생님은 무척 바빠 보이는데, 방해되지 않도록 혼자서 슬그머니 갔다 올까?

결과는 50쪽

 ## 밤에 너무 춥다면

A 난방 틀기 **B 박스와 신문지 모으기**

학교에 온 뒤로 시간이 꽤 흘렀는데, 아빠와 엄마는 아직도 우리를 데리러 오지 않았어. 밤이 되니 슬슬 추워지는 것 같아. 선생님께 난방을 틀어 달라고 할까? 하지만 박스와 신문지로 감싸면 따뜻하다는 말을 들은 적이 있어. 학교에는 박스와 신문지가 잔뜩 있을 테니까, 교실을 뒤져 보거나 선생님께 부탁해서 모아 볼까?

결과는 51쪽

도와줄 사람이 올 때까지 뭘 하지?

A 움직이지 말고 얌전하게 기다리기 **B** 창문을 통해 좀비 감시하기

아빠와 엄마는 언제쯤 오는 걸까? 점점 불안해지고 있어. 분명 우리를 데리러 오실 텐데…. 오랫동안 버티려면 체력을 아껴야 하니까 움직이지 말고 가만히 기다려 볼까? 하지만 내가 할 수 있는 일이 있을지도 몰라. 아빠와 엄마도 학교 주변에 있는 좀비 때문에 들어오지 못하는 것일 수도 있으니, 창문을 통해 좀비의 움직임을 살펴볼까?

결과는 51쪽

결과 확인! 학교에서의 행동은 성공? 실패? >>> '살아남는 방법'을 체크하자!

3rd 서바이벌 · 대피해서 도움을 기다리자!
살아남는 방법

이래야 산다!

대피한 학교에서 어떤 선택을 했니? 과연 무슨 일이 벌어질까?
설명을 잘 읽고 서바이벌 능력을 키워 보자!

CASE 1 학교 안 어디로 도망칠까?

체육관은 공간이 넓으니까, 좀비가 침입해도 도망치기 쉬울 거라고 생각할 수 있어. 하지만 공간이 넓은 만큼 적은 인원으로는 방어하기 어렵고, 도망치는 사이에 지쳐서 좀비에게 붙잡힐 수도 있지. 한편 높은 층의 교실이라면, 계단을 잘 올라가지 못하는 좀비의 발을 묶어 둘 수 있을 거야. 그리고 교실에는 반드시 두 개 이상의 출입구가 있으니, 좀비가 들어오더라도 다른 쪽 문으로 도망칠 수 있지. 그러니까 정답은 'B 2층의 교실'이야.

CASE 2 좀비의 침입에 대처하려면

바리케이드도, 도망칠 길을 확보하는 것도 다 중요할 것 같지만, 여기에서는 가장 먼저 해야 할 일을 선택하자. 정답은 'A 문에 바리케이드 설치하기'. 우선 바리케이드를 만들어서 좀비가 쉽게 들어오지 못하도록 해야 돼. '도망칠 길을 확보하기'도 틀린 답은 아니야. 좀비가 바리케이드를 뚫고 들어왔을 때 길이 엉망진창이라면 도망치기 어렵겠지. 먼저 바리케이드를 만든 다음에 도망칠 길을 확보하자.

CASE 3 화장실에 가고 싶다면

비상 상황에는 반드시 두 명 이상이 함께 행동해야 해. 만약 좀비가 화장실로 들어온다면, 어린이 혼자서는 손쓸 방법이 없어. 그러므로 여기에서는 'A 선생님과 함께 간다'를 선택하자. 화장실 칸 안에 갇힌다면 도망칠 수 없으니까!

CASE 4 　 밤에 너무 춥다면

난방을 틀면 빠르고 손쉽게 몸이 따뜻해질 거야. 하지만 의외로 난방 기구의 작동 소리가 커서 소리에 민감한 좀비를 불러들이게 될 수 있어. 이러한 상황에서는 방석 대신 박스를 쓰거나, 신문지를 덮어서 추위를 피하는게 훨씬 좋아. 이 방법은 몸 주위의 차가운 공기를 차단하고 따뜻한 공기를 머무르게 해서 보온성을 높여 줘. 그러니까 선생님께 부탁해서 'B 박스와 신문지 모으기'를 해 보자.

CASE 5 　 도와줄 사람이 올 때까지 뭘 하지?

좀비에 대해서 아직 모르는 것이 너무 많아. 방어 태세를 갖추었다고 해서 아직 안심해서는 안 돼. 가만히 있다가 좀비가 불쑥 침입할 수도 있으니, 계속해서 'B 창문을 통해 좀비 감시하기'를 하자. 안전하게 도망칠 수 있는 힌트를 찾아내거나, 아빠와 엄마가 학교 근처에 왔을 때 바로 발견할 수 있을 테니까!

FINAL CHECK

- 닥쳐올 위험에 대처할 수 있는 장소를 고르자.
- 안전하게 잠자고 식사하고 화장실을 사용할 수 있는 곳을 대피 장소로 정하자.
- 박스와 신문지가 목숨을 구한다.

아이템

대피 장소에서 가지고 있으면 좋아!

🗃 제압봉

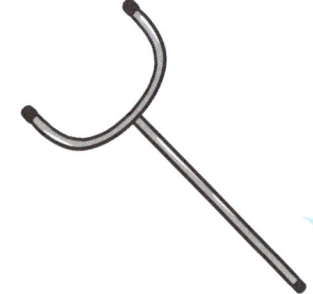

제압봉은 수상한 사람을 제압하기 위한 도구야. 좀비와 거리를 벌린 채로 움직임을 막고 도망칠 길을 확보할 수 있어.

> 안전한 거리에서 좀비의 움직임을 제압할 수 있어!

🗃 침낭

평소에 들고 다닐 수는 없지만, 대피소의 딱딱한 바닥에서 잠을 자거나 추위를 피할 때 아주 쓸모가 있어! 대피할 때는 이왕이면 개인용 침낭이 있으면 좋아.

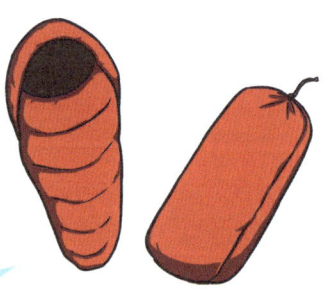

> 잠을 편하게 자자!

🗃 휴대용 용변 처리 키트

화장실이 없을 때 쓸 수 있는 박스 형식의 키트야. 박스 위에 비닐을 씌우고 그 위에서 용변을 보면 돼. 뒤처리도 쉽게 할 수 있어.

> 화장실은 정말 중요해!

TRAINING 🏋 트레이닝

평소에 신경 쓰자!

🏋 대피 훈련은 진지하게 참여하자

학교에서 종종 하는 대피 훈련. 장난치지 않고 잘 받고 있지? 수상한 사람이 학교에 들어오거나 화재, 지진이 발생했을 때를 대비해서, 대피 경로와 집합 장소를 확인하는 중요한 훈련이야. 열심히 참여하면 서바이벌 능력이 분명히 강해질 거야.

🏋 비상구를 파악하자

학교에는 곳곳에 비상구가 있어. 만일 좀비나 수상한 사람이 와서 비상구 중 하나가 막히더라도, 다른 비상구로 도망치면 돼. 그러니 비상구들의 위치를 반드시 기억해 두자. 학교뿐만 아니라 자주 가는 학원이나 가게 등의 비상구도 체크해 두면 좋겠지!

칼럼 | 영구 동토에 잠들어 있는 미지의 바이러스

영구 동토란 2년 넘게 온도가 0도 이하로 유지되고 있는 북극의 꽁꽁 언 땅을 말해. 이 얼음 속에는 매머드 등의 동물 사체 외에도 미지의 바이러스가 묻혀 있다고 알려져 있어. 그 얼음이 녹으면 바이러스가 공기 중으로 퍼져서, 인간에게 해를 끼칠 가능성이 있다고 해.

좀비에 대해
알아보자!

학교 창문으로 바깥을 살펴보니, 어느새 좀비가 다 사라졌어.

그리고 아빠의 자동차가 학교로 들어왔어. 드디어 부모님과 만나게 되었지!

그동안 도망 다니느라 힘들었던 준과 유리는 아빠의 차 안에서 잠이 들었어.

"설마 정말로 좀비가 나타날 줄이야…."

"아이들과 함께 좀비에 관한 정보를 조사해야겠어."

아빠와 엄마는 심각한 얼굴로 말했어.

좀비에 관한 정보를 얻기 위해 너라면 어떻게 할래?

4th 서바이벌

정보를 모으자!

4th 서바이벌
정보를 모으자!

좀비 발생 이틀째. 뉴스에서는 하루 종일 좀비에 관한 소식뿐이야. 앞으로 안전하게 행동하기 위해 아빠가 '좀비 회의'를 열어 정보를 수집하고 연락할 방법을 의논하기로 했어!

4th 서바이벌
정보를 모으자!

너라면 어떻게 할래?

A와 B 어느 쪽?

살아남기 위한 어드바이스!

◆ 적절한 정보원을 찾아라!

SNS, 동영상 사이트, 동네 게시판 등 정보를 얻을 방법은 아주 많아. 어떤 정보가 정확하고 안전할지 생각해 보자!

◆ 불확실한 정보에 휘둘리지 말자!

전문가가 아닌 사람이 퍼뜨린 정보에는 잘못된 내용이 있을 수도 있어. 믿을 수 있는 정보를 받아들여야 살아남을 가능성이 높아지겠지?

◆ 좀비로 변하지 않는 방법을 알아내자!

어떻게 하면 좀비로 변하지 않을 수 있을까? 그 정보를 정확하게 알 수 있다면, 몸을 지킬 방법도 더 확실해질 거야.

잘못된 정보에 주의하도록!

 # 어떤 정보를 알아야 할까?

 **A** 좀비로 변하는 원인 **B** 좀비를 물리치는 방법

좀비에게서 몸을 지키기 위해 가장 먼저 조사해야 할 정보는 무엇일까? 어떻게 좀비로 변하는지, '좀비로 변하는 원인'을 조사하면 좀비와 마주쳐도 안심할 수 있을 것 같아…. 하지만 '물리치는 방법'을 먼저 알아 둬야 좀비와 마주쳤을 때 싸워서 이길 수 있지 않을까?

결과는 62쪽

 # SNS로 무엇을 체크할까?

 **A** 좀비의 신체 능력 **B** 좀비 치료법

지금 텔레비전 뉴스에서는 같은 내용의 정보가 반복해서 나오고 있어. 휴대폰과 태블릿을 이용해서 SNS를 살펴보려고 해. '좀비'라는 단어로 검색해 보니, '좀비의 신체 능력'과 '좀비 치료법'에 관한 글이 있는데, 지금은 어떤 걸 보는 게 좋을까…?

결과는 62쪽

가족과 떨어졌을 때 연락하려면

A 음성 사서함에 메시지 남기기  **B 먼 곳에 사는 친척에게 전화하기**

부모님과 떨어졌을 때, 휴대폰이 없는 상황에서 사용할 수 있는 연락 방법은 무엇일까? 공중전화로 부모님 휴대 전화의 음성 사서함에 메시지를 남겨 둘까? 하지만 확실하게 전달될지 알 수 없으니, 먼 곳에 사는 친척에게 전화하는 게 나을까?

결과는 62쪽

대피 장소를 확인하려면

A 긴급 대피 경로도를 찾는다  **B 똑똑한 이웃 아저씨에게 물어본다**

만일을 위해 어디로 대피해야 하는지 알아보려면 어떻게 해야 할까? 그러고 보니 재해가 발생했을 때 사용할 수 있는 긴급 대피 경로도를 집 안 어딘가에서 본 기억이 나는데… 늘 친절하고 모르는 게 없는 똑똑한 이웃 아저씨에게 물어보면 바로 알려 주시지 않을까?

결과는 63쪽

정전이 되면 어떻게 정보를 얻지?

A 라디오를 이용한다 **B** 행정 복지 센터 게시판을 확인한다

저녁 식사를 마치고, 좀비에 관한 최신 정보를 얻으려고 텔레비전을 보고 있는데 갑자기 정전이 됐어! 게다가 인터넷도 불안정해서 연결이 안 돼…. 어떻게 정보를 얻어야 할까? 집에는 건전지로 작동하는 라디오가 있지만, 라디오 방송국도 정전되었다면 소용없지 않을까? 행정 복지 센터에서는 직원이 일하고 있을지도 모르니까, 게시판을 살펴보러 갈까?

결과는 63쪽

결과 확인!
정보 수집은 성공? 실패? >>> '살아남는 방법'을 체크하자!

4th 서바이벌 · 정보를 모으자!
살아남는 방법

이래야 산다!

좀비에 관한 정보를 모으기 위해 어떤 선택을 했니? 과연 무슨 일이 벌어질까? 설명을 잘 읽고 서바이벌 능력을 키워 보자!

CASE 1 어떤 정보를 알아야 할까?

정답은 'A 좀비로 변하는 원인'을 아는 거야. 근처에 있기만 해도 좀비로 변하는지, 공격을 당해서 상처를 입어야 좀비로 변하는지, 그걸 알기만 해도 대책을 세우기 쉬워지겠지? 싸움을 도저히 피할 수 없는 상황에서는 좀비를 물리치는 방법이 필요하겠지만, 어린이의 힘으로는 좀비를 당해 낼 수 없어. 도망치기 위해서라도 좀비로 변하지 않는 방법을 알아야 해.

CASE 2 SNS로 무엇을 체크할까?

좀비가 되었을 때 치료하는 방법을 찾는 건 중요해. 하지만 SNS는 전문가가 아닌 사람도 자유롭게 글을 올릴 수 있으므로, 올바른 치료법을 찾기 어려워. 심지어 일부러 잘못된 정보를 퍼뜨리는 사람도 있어. 좀비와 마주쳐 SNS에 동영상을 찍어서 올린 사람도 있을 테니, 그 동영상으로 먼저 'A 좀비의 신체 능력'을 조사하자.

CASE 3 가족과 떨어졌을 때 연락하려면

가족과 떨어지고 연락도 안 될 때는 우선 'B 먼 곳에 사는 친척에게 전화하기'로 하자. 이것을 '삼각 연락법'이라고 해. 음성 사서함은 메시지 확인을 못 할 수도 있어서 불확실하긴 하지만 시도해 볼 만한 방법이야. 둘 다 기억해 두면 좋겠지!

CASE 4 대피 장소를 확인하려면

좀비 사태가 발생한 데다 지진이나 호우 등 재해가 추가로 발생할 수 있어. 그러므로 대피 장소를 반드시 알아 두도록 하자. 여기에서는 집에 있는 'A 긴급 대피 경로도를 찾는다'가 정답. 똑똑한 이웃 아저씨도 대피소가 어딘지 알고 있을 수 있겠지. 하지만 아저씨에게 물어보러 좀비가 있는 바깥으로 일부러 나가는 건 위험해. 위험 상황에는 서로 도와야 하니까 평소에도 이웃과 사이좋게 지내자.

CASE 5 정전이 되면 어떻게 정보를 얻지?

좀비 사태가 발생하면 정전이 일어날 가능성도 있어. 특히 텔레비전이나 휴대폰 등으로 외부의 정보를 얻을 수 없는 경우는 조심해야 해. 그러니까 게시판을 보러 밖으로 나가는 것은 CASE 4와 마찬가지로 무척 위험하니 피하도록 하자. 여기에서는 건전지로 작동하는 'A 라디오를 이용한다'가 정답. 라디오 방송국은 이런 긴급 상황에서도 방송을 할 수 있도록 대비하고 있어.

- 몸을 지키기 위해 정보를 모으자.
- 가족이나 친구, 지인과 연락할 방법을 미리 정해 두자.
- 긴급 상황에서 라디오는 도움이 된다.

재해가 일어났을 때도 쓸 수 있어!

아이템 ITEM

🎁 수동 충전식 라디오

손잡이를 돌려서 태양광 에너지를 충전할 수 있는 라디오야. 건전지가 닳을 염려가 없어 편리해. 언제 어디서든 라디오를 들을 수 있지!

> 건전지가 필요 없어.

🎁 보조 배터리

라디오도 편리하지만 전파가 터지는 동안에는 휴대폰이나 태블릿으로 정보를 얻는 게 좋겠지. 보조 배터리는 배터리가 다 닳았을 때 필요한 아이템이야!

> 충전 용량이 클수록 좋아.

🎁 가압식 볼펜·내수 종이

가압식 볼펜은 공기의 힘으로 잉크를 밀어내는 구조야. 그래서 어떤 각도에서도 필기가 가능해. 강한 압력으로 잉크를 밀어내기 때문에 젖은 종이 위에서도 선명하게 필기할 수 있어. 마찬가지로 물에 강한 내수 종이가 있으면 물에 노출된 환경에서도 메모를 할 수 있지.

TRAINING 🦾 트레이닝

지금 바로 시작하자!

👍 소문을 쉽게 믿지 말자

평소에도 인터넷이나 학교에서 이런저런 소문을 자주 들을 거야. 진짜라고 생각한 소문이 사실은 엉터리였던 경험 있지 않니? 소문은 그대로 믿지 말고, 확실하게 조사해서 진짜인지 아닌지 확인하도록 하자!

👍 이웃 사람에게 예의 바르게 인사하자

쑥스럽거나 친하지 않다는 이유로 이웃 사람에게 인사를 하지 않는 경우가 있을 거야. 좀비 사태뿐만 아니라 재해가 발생했을 때에는 서로 도울 수 있으니, 이웃과 평소에 예의 바르게 인사하고 얼굴을 익혀 두도록 하자!

칼럼 — 한 연구소 사이트에 좀비 대책 방법이!

미국에는 'CDC(미국 질병통제예방센터)'라는 감염병 대책 연구소가 있어. 이 CDC 사이트(www.cdc.gov)에서는 좀비가 나타났을 때를 가정해 물과 식량 확보 방법, 살아남는 방법을 알려 줬다고 해.

물과 식량을
확보하자!

좀비 사태로 인해 학교에는 휴교령이 내려졌고,
준의 아빠와 엄마도 외출을 자제하고 있어.
당장 필요한 물과 식량은 비축해 둔 것을 사용하고 있지만,
외출을 못 하다 보니 이제 일주일 분량밖에 남지 않았어.
이 사태가 언제까지 이어질지는 아무도 몰라.
지금 가진 식량을 최대한으로 활용하고 좀비도 조심하면서,
물과 식량을 확보해야만 해. 자, 너라면 어떻게 할래?

5th 서바이벌

물과 식량을 구하라!

5th 서바이벌
물과 식량을 구하라!

살아남기 위한 어드바이스!

◆ 따뜻한 요리는 조심하자!
좀비는 냄새에 민감해. 그래서 냄새가 나는 요리는 좀비를 불러들일 수 있어. 특히 따뜻한 요리는 냄새가 강하게 나니까 주의해야 해.

◆ 정전 시 사용할 수 있는 물건을 알아 두자!
물과 식량을 확보해도 '어떻게 조리하느냐'가 무척 중요해. 특히 정전이 됐을 때도 조리할 수 있어야 해.

◆ 욕심을 부리면 큰일 나!
당연히 식량은 많으면 많을수록 안심할 수 있겠지. 하지만 대피소로 이동해야 할 때 배낭에 물과 식량을 잔뜩 넣는다면 어떻게 될까?

 **점심으로 무엇을 먹을까?**

A 주먹밥   B 카레

엄마가 "오늘 점심은 뭘 먹을까?"라고 물었어. 요즘 보존 식품이나 주먹밥만 먹다 보니, 좋아하는 카레를 슬슬 먹고 싶던 참인데…. 하지만 밖에 좀비가 어슬렁대고 있다면, 주먹밥과 카레 중에서 무엇을 먹는 게 나을까?

결과는 74쪽

 **비상식은 무엇을 준비할까?**

A 컵라면   B 젤리 음료

급히 대피할 때를 위해 비상식을 배낭 속에 넣어 두려고 해. 지금 집에 있는 것은 컵라면과 젤리 음료야. 둘 다 오래 보관할 수 있고 맛있어. 비상식 외에도 마실 물과 다른 짐을 챙겨야 하니, 배낭에는 둘 중 하나만 넣어야 해. 어떻게 할까?

결과는 74쪽

 ## CASE 3 마실 물은 어떻게 보관할까?

A 수돗물을 끓여서 보관하기  **B** 수돗물을 그대로 보관하기

만일을 위해 마실 물도 페트병에 보관하려고 해. 수돗물을 살균하기 위해 한 번 끓인 다음 넣는 게 좋을까? 하지만 물은 늘 그대로 마시거나 요리할 때 썼으니, 그냥 페트병에 담아도 괜찮지 않을까?

결과는 74쪽

 ## CASE 4 정전이야! 식사는 어떻게 하지?

A 차가운 상태로 먹는다  **B** 휴대용 가스버너를 쓴다

저녁을 먹을 시간에 갑자기 정전이 되었어. 이것도 좀비 사태의 영향일까? 라디오를 틀어 보니 지금 원인을 조사 중이라고 해. 어쩔 수 없으니 차가운 음식을 먹을까? 그러고 보니 캠핑을 좋아하는 아빠가 휴대용 가스버너를 가지고 있을 텐데, 그걸 사용할까?

결과는 75쪽

대피용 배낭은 어느 크기가 좋을까?

A 커다란 배낭  **B** 작은 배낭

눈앞이 캄캄했었는데, 드디어 밝아졌어! 전기가 복구된 모양이야. 하지만 또 정전이 일어날 수도 있으니, 대피할 준비를 하려고 해! 우선 마실 물과 보존 식품을 배낭에 넣자. 하지만 얼마만큼 가져가면 좋을까? 평소 사용하는 작은 배낭으로 괜찮을까? 아니면 최대한 많이 가져갈 수 있도록 큼직한 배낭이 좋을까?

결과는 75쪽

결과 확인!
물과 식량 계획은 성공? 실패? >>> '살아남는 방법'을 체크하자!

5th 서바이벌 · 물과 식량을 구하라!
살아남는 방법
\\ 이래야 산다! //

물과 식량을 챙기기 위해 어떤 선택을 했니? 과연 무슨 일이 벌어질까?
설명을 잘 읽고 서바이벌 능력을 키워 보자!

CASE 1 점심으로 무엇을 먹을까?

음식 냄새가 좀비를 끌어들일 위험이 있어. 그러므로 'A 주먹밥'이 정답이야. 하지만 카레를 꼭 먹고 싶다면, 냄새가 퍼져도 안전한 장소에서 먹도록 하자.

CASE 2 비상식은 무엇을 준비할까?

따뜻한 컵라면은 맛도 좋고, 뜨거운 물만 있다면 바로 먹을 수 있어서 무척 편리해. 하지만 대피소에 따라 가스버너나 전기 포트를 가지고 들어갈 수 없는 곳도 있을 거야. 뜨거운 물을 준비하기 어려우면 컵라면을 못 먹게 되는 거지. 그러므로 비상식은 'B 젤리 음료'로 준비하자. 영양의 균형을 생각해서 말린 과일, 견과류 등도 준비하면 든든할 거야!

CASE 3 마실 물은 어떻게 보관할까?

수돗물에는 염소라는 성분이 들어 있어. 이 성분은 나쁜 균이나 바이러스를 소독해서 물을 오래 보관할 수 있게 해 줘. 하지만 염소는 열에 약해서 끓이면 사라져 버려. 염소가 사라진 물은 상하기 쉬우니까, 마실 물을 준비할 때는 끓이지 말고 'B 수돗물을 그대로 보관하기'로 하자.

CASE 4 정전이야! 식사는 어떻게 하지?

몸을 따뜻하게 하거나 요리를 하려면 불이 필요해. 그렇다고 해서 모닥불을 피우는 건 금물! 모닥불 소리나 연기 냄새가 좀비를 끌어들일지도 모르고, 화재의 원인이 될 수도 있어. 요리를 할 때는 냄새가 밖으로 나가지 않도록 실내에서 하는 게 좋으므로 정답은 'B 휴대용 가스버너를 쓴다'. 휴대용 가스버너는 부탄가스를 이용해서 불을 피우므로 전기가 끊겼을 때도 사용할 수 있어! 차가운 상태로 음식을 먹게 되면 탈이 날 수 있으니 이왕이면 안전하게 요리해서 먹자.

CASE 5 대피용 배낭은 어느 크기가 좋을까?

대피소로 이동하다가 좀비와 마주친다면, 커다란 배낭은 무거워서 잘 달리지 못해 결국 붙잡히고 말 거야. 대피소에 얼마나 있을지 고려해야겠지만, 짐을 최소한으로 담아 쉽게 옮길 수 있어야 해. 'B 작은 배낭'을 선택하지 않으면, 잔뜩 챙긴 식량을 먹기도 전에 좀비가 되어 버리고 말 거야!

FINAL CHECK
- 요리할 때는 냄새가 새어 나가지 않는 방법을 사용하자.
- 수돗물은 끓이지 말고 그대로 보관해서 마시자.
- 물과 비상식은 이동할 때 문제가 안 될 만큼만 챙기자.

아이템

비상시에도 편하게 식사를 하자!

🗄 휴대용 정수기

깨끗한 물을 구하기 어려울 때 강물이나 연못 물을 마실 수 있게 해 주는 놀라운 물건이야! 내부에 들어 있는 필터가 물속의 바이러스나 흙을 여과해서 깨끗하게 만들어 줘.

> 빨대처럼 사용할 수 있는 것도 있어!

🗄 싱글 버너

부탄가스가 있으면 언제 어디서든 불을 피울 수 있는 버너야. 휴대용 가스버너보다도 작아서 휴대하기 편리해!

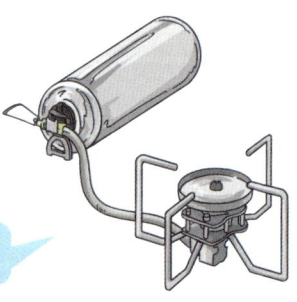

> 작은 사이즈이지만 큰 화력을 가지고 있어!

🗄 꿀

꿀에는 포도당이나 비타민, 아미노산 등이 풍부하게 들어 있어. 균형 있게 영양을 보충하고 싶을 때 추천해.

> 스틱 타입은 휴대하기에도 편리하지.

트레이닝

위기를 대비해 평소에 해 보자!

요리를 돕자

혼자서 밥을 해 본 초등학생은 많지 않을 거야. 비상시에 대비해서 평소 부모님께서 요리하실 때 도와드리자. 요리를 배워 두면 불, 식칼 등 위험한 물건을 다루는 데 익숙해져서, 서바이벌 능력이 상당히 높아질 거야.

비상식 파티를 하자

좀비 사태나 재해가 발생했을 때는 주로 비상식을 먹게 돼. 맛있는 비상식도 많지만, 그중에는 입맛에 맞지 않는 것도 있겠지? 한동안 계속 먹어도 질리지 않도록, 비상식 파티를 열어서 내 취향의 비상식을 찾아 보자!

칼럼 — 정전 시에 사용할 수 있는 참치 캔 램프 만들기

정전으로 방이 어두워졌을 때 사용할 수 있는 것이 '참치 캔 램프'야. 우선 휴지를 한 장 준비해서, 빙글빙글 꼬아 끈 형태로 만들어. 그다음에 캔 뚜껑을 조금 열고, 비비 꼰 휴지를 그 안에 쏙 집어넣으면 완성. 램프를 만들 때도 불을 붙일 때도 반드시 어른과 같이 하자.

NEXT 서바이벌

좀비에게 습격당한
지후를 구하라!

휴교 중인 학교에 대피소와 좀비 진료소가 설치되었다고 해.

물과 비상식을 넣은 배낭을 가지고 막 출발하려고 하는데,

엄마의 휴대 전화로 지후네 엄마에게서 연락이 왔어!

"좀비 진료소에 가야 하니, 그동안 우리 아이를 맡아 줬으면 해요."

메시지를 받은 준이네 가족은 지후를 기다리기로 했어.

그런데 아무리 기다려도 지후가 오지 않아. 무슨 문제가 생긴 걸까?

친구를 구하기 위해, 너라면 어떻게 할래?

6th 서바이벌

상처와 병을 치료하자!

6th 서바이벌
상처와 병을 치료하자!

아빠와 둘이 지후를 찾으러 나갔다가, 편의점 앞에 쓰러져 있는 지후를 발견했어! 설마 좀비에게 습격당한 걸까? 혼자 어떻게 여기까지 왔지? 너무 위험한 행동이잖아. 일단은 지후를 구해야 해!

6th 서바이벌
상처와 병을 치료하자!

살아남기 위한 어드바이스!

◆ 몸을 안전하게 지키자!

밖에 나갈 때는 좀비에 대한 만반의 준비가 필요해. 게다가 위험한 것은 좀비 바이러스뿐만이 아니야. 병에 걸릴 수도 있으니 손 씻기 등을 철저히 하자.

◆ 재빨리 응급조치를 하자!

다치거나 병으로 사람이 쓰러졌을 때는 즉시 119에 전화해서 구급차를 부르자. 구급차가 도착하기 전까지 응급 처치 등 내가 할 수 있는 일을 하자!

◆ 직접 병원에 데려가자!

좀비 사태와 같은 비상 상황에는 구급차가 출동하지 못할 수도 있어. 이럴 때를 대비해 직접 병원에 데려갈 방법을 익혀 두자!

만약의 경우에 어떻게 대처해야 하는지 알아 두면 든든해!

외출할 때 어떤 물건을 챙길까?

A 마스크와 장갑   **B** 모자와 목도리

아무리 시간이 흘러도 집에 오지 않는 지후. 혹시 좀비에게 습격당한 걸까? 그렇다면 지후를 빨리 구하러 가야 해! 이럴 때일수록 허둥대면 안 되겠지? 나까지 좀비로 변해 버리면 안 되니까, 몸을 지킬 수 있도록 준비를 하고 나가자. 이럴 때는 무엇을 챙기는 게 좋을까?

결과는 86쪽

지후가 쓰러져 있다면

A 다가가서 몸을 흔든다   **B** 떨어진 곳에서 말을 건다

길 한복판에 쓰러져 있는 지후를 발견했어! 옆의 편의점에는 심장에 전기 충격을 가하는 자동 심장 충격기(AED)가 있어. 사용 전에 일단 지후에게 의식이 있는지 확인해야 해! 바로 다가가서 몸을 흔들어 깨우는 게 좋을까? 아니면 멀리서 말을 걸고 상황을 살필까?

결과는 86쪽

CASE 3 — 지후의 팔에서 피가 난다면

A 소독약을 뿌린다  **B 물을 끼얹는다**

조심스럽게 지후에게 다가가 보니, 괴로운 듯 신음하고 있어. 앗! 지후의 팔과 얼굴에 긁힌 상처가 있어! 역시 좀비에게 습격당한 게 분명해. 마침 아빠가 소독약과 물을 가지고 있는데, 상처에는 무엇을 뿌리는 게 좋을까?

결과는 86쪽

CASE 4 — 지후를 어디로 데려가야 할까?

A 걸어서 가까운 병원으로  **B 자동차로 멀리 있는 좀비 진료소로**

상처는 치료했지만, 빨리 병원에 데려가야 해! 뉴스에서 좀비로 변하기까지 걸리는 시간은 사람마다 다르다고 했어. 최대한 서두르는 게 좋으니까 가까운 병원으로 갈까? 하지만 좀비 바이러스는 아직 밝혀지지 않은 점이 많으니 조금 멀더라도 좀비 전문 진료소로 갈까?

결과는 87쪽

CASE 5 : 지후를 어떻게 데려갈까?

A 직접 만든 들것으로 옮긴다  **B** 침낭에 넣어서 줄넘기 줄로 묶는다

드디어 갈 곳을 정했어. 그런데 언제 좀비로 변할지 모를 지후를 어떻게 옮기지? 그러고 보니 예전에 아빠가 간편하게 들것을 만드는 법을 알려 줬는데, 그걸로 옮길까? 그런데 옮기는 도중에 지후가 좀비가 된다면 나와 아빠도 위험할 텐데. 침낭에 지후를 넣고 줄넘기 줄로 손발을 묶으면 안전하게 옮길 수 있을 것 같아. 그럼 지후가 불쌍한데….

결과는 87쪽

결과 확인! 상처와 병에 대한 대책은 성공? 실패? >>> '살아남는 방법'을 체크하자!

6th 서바이벌 · 상처와 병을 치료하자!
살아남는 방법

\\ 이래야 산다! //

지후를 구하기 위해 어떤 선택을 했니? 과연 무슨 일이 벌어질까?
설명을 잘 읽고 서바이벌 능력을 키워 보자!

CASE 1 외출할 때 어떤 물건을 챙길까?

좀비로 변하는 건 좀비에게 긁히거나 물렸을 때 일어나는 피부 감염으로 인한 것이니, 피부 노출을 최소화하는 것이 중요해. 그러기 위해 필요한 장비를 생각하자. 마스크와 장갑은 공기 감염 또는 기침이나 재채기로 인한 비말 감염에 대비하기 위한 것이지. 그러므로 정답은 얼굴과 목을 감싸는 'B 모자와 목도리'. 긴소매와 긴바지를 입는 것도 잊지 마!

CASE 2 지후가 쓰러져 있다면

지후가 이미 좀비로 변했다면 위험하니까 'B 떨어진 곳에서 말을 건다'가 정답이야. 만일 지후가 쓰러졌을 때 머리를 부딪혔다면, 몸을 흔들어서는 안 돼. 뇌에 악영향을 줄 수 있을 테니까. 그럼 좀비 바이러스를 치료한다 해도 다른 후유증이 남을 수 있으니 주의하자. 자동 심장 충격기는 심장이 멎은 사람에게 사용하는 기계이니, 이번에는 필요 없지만 사용법은 미리 알아 두면 좋겠지.

CASE 3 지후의 팔에서 피가 난다면

소독약을 상처에 뿌리면 나쁜 바이러스나 여러 세균을 쓰러뜨리는 체내의 세포(백혈구 등)까지 죽고 말아. 이럴 때는 'B 물을 끼얹는다'가 정답. 물로 깨끗하게 씻어 내고 나서, 상처가 마르지 않도록 하는 반창고를 붙이고 상태를 지켜보자.

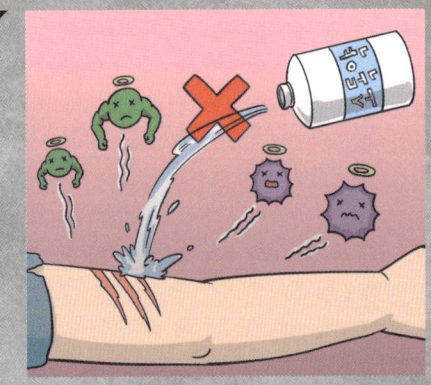

CASE 4   지후를 어디로 데려가야 할까?

좀비 바이러스는 아직 밝혀지지 않은 점이 많기 때문에 평소에 자주 가는 가까운 병원에서는 좀비 치료법을 모를 가능성이 커. 최악의 경우, 지후가 그 병원에 좀비 바이러스를 퍼뜨리게 될 수도 있지. 지후는 좀비로 변할 가능성이 높으니, 조금 시간이 걸리더라도 'B 자동차로 멀리 있는 좀비 진료소로' 데려가서 전문가의 치료를 받게 하자.

CASE 5   지후를 어떻게 데려갈까?

일반적인 환자라면 직접 만든 들것으로 옮길 수 있겠지. 하지만 이 경우에는 'B 침낭에 넣어서 줄넘기 줄로 묶는다'가 정답이야. 지후가 묶여서 불쌍하겠지만, 갑자기 좀비로 변해 버렸을 때를 대비해서 움직이지 못하게 해야 해. 비상 상황에서는 늘 '최악의 가능성'을 생각하는 것을 잊지 마!

FINAL CHECK
- 피부가 드러나지 않는 복장으로 방어력을 높인다.
- 응급 처치는 상황에 따라 알맞은 것으로.
- '최악의 가능성'을 떠올리자.

항상 상처나 병을 대비하자!

아이템

ITEM

종이비누

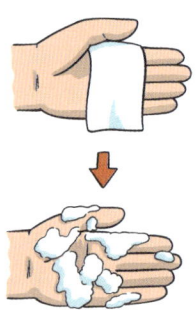

종이처럼 보이지만 물에 녹으면 거품이 나는 비누야. 외출 시 화장실에 비누가 없을 때 유용하게 사용할 수 있어. 항상 가지고 다니면 좋겠지.

> 작아서 가지고 다니기 편리해!

간이 들것

긴 막대기 두 개와 담요 한 장으로 간단하게 들것을 만들 수 있어.

 만드는 법

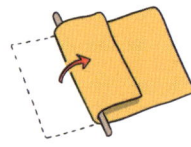  

① 담요 왼쪽에서 3분의 1 지점에 막대기를 놓고 담요를 접는다.

② 사람 한 명이 누울 수 있는 공간을 남기고 막대기 하나를 놓은 다음 담요 오른쪽을 접는다.

③ 완성!

> 어른과 함께 만들자!

습윤 반창고

상처를 촉촉하게 유지해 줘서 빨리 낫게 하는 반창고야. 방수도 되어서 아주 유용해.

> 가방에 챙겨 다니자!

TRAINING 트레이닝

이것만 알아 두면 나도 전문가!

응급 처치법을 익히자

만약의 경우를 위해서 응급 구조 지식을 알아 두자. 학교나 동네에서 열리는 응급 처치 강좌가 있을 거야. 초등학생도 참여할 수 있는 강좌가 있다면 적극적으로 참여해 보자. 처음에는 어려울 수 있겠지만 연습하다 보면 익숙해질 거야.

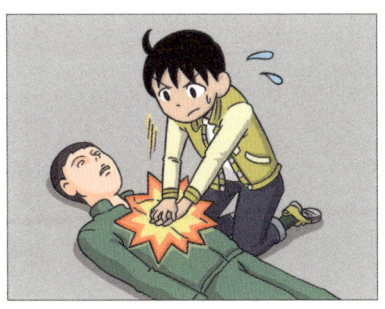

더러운 행동은 주의하자

평소에 소독하지 않은 손으로 눈을 비비거나 코나 귀를 후빈 적이 있니? 그럼 손에 묻은 바이러스와 잡다한 세균이 몸속으로 들어가. 그러니까 지금 당장 그만둬야 해!

칼럼 — 갑자기 사람이 날뛴다? 무시무시한 광견병

'광견병'에 대해 알고 있니? 광견병 바이러스에 감염된 개나 고양이에게 물리거나 긁히면 사람도 옮는 병이야. 감염되면 갑자기 날뛰는 등의 증상이 나타나고, 거의 100% 사망한다고 해. 만약 개나 고양이를 키운다면 백신을 접종했는지 확인하자.

무서운 건
좀비만이 아니었다!

괴로워하는 지후를 좀비 진료소로 옮겼어. 좀비 진료소와 대피소는

좀비에게 습격당한 가족을 데리고 온 사람들로 가득해.

뉴스에 나왔던 좀비 박사도 있는 모양이야!

그런데 지후의 엄마가 보이지 않아. 지후를 혼자 둘 수는 없으니

준이네 가족도 좀비 진료소 옆 대피소에 남기로 했어.

불안해 보이는 사람도 있고, 화를 내는 사람도 있어.

비상시에 수많은 사람이 모이는 곳에서, 너라면 어떻게 할래?

7th 서바이벌

좀비보다 무서운 것?

7th 서바이벌
좀비보다 무서운 것?

살아남기 위한 어드바이스!

◆ 적극적으로 도움을 주자!

좀비 진료소 옆에 마련된 대피소에는 자원봉사자가 부족할 수도 있어. 너도 분명히 도울 수 있는 일이 있을 거야.

◆ 소문은 위험의 씨앗!

사람이 많이 모이는 곳에서는 이런저런 소문이 돌기 마련이야. 그중에는 말도 안 되는 거짓 정보도 있을 테니까 모든 소문을 무작정 믿지 말자.

◆ 혼자서 행동하면 안 돼!

모여 있는 사람들 중에는 친절한 사람도 있지만, 나쁜 생각을 하는 사람이 있을 수도 있어. 비상사태에는 절대 혼자서 행동하지 말자.

# CASE 1 대피소에서 식사한다면

A 차가운 주먹밥 **B 따뜻한 즉석식품**

여기저기 이동하느라 밥 먹을 시간도 없었어. 그러고 보니 배낭 안에 차가운 주먹밥과, 불이나 전기를 사용하지 않아도 따뜻하게 데울 수 있는 즉석식품이 들어 있었지. 지후도 좀비 진료소에 맡겼으니, 시간이 있을 때 식사를 하자. 둘 중 어떤 걸 먹는 게 좋을까?

결과는 98쪽

# CASE 2 배급받은 물은 어떻게 하지?

A 이름 써 두기 **B 잘 보이는 곳에 두기**

대피소에서 페트병에 담긴 물을 나눠 주나 봐! 집에서도 물을 챙겨 오기는 했지만, 만일을 위해 받아 두자! 한 사람당 하나씩이라고 하니까 없어지지 않도록 페트병에 이름을 써 두는 게 좋지 않을까? 그렇게까지 하지 않아도 페트병을 가까이에 두면 괜찮으려나?

결과는 98쪽

 ## CASE 3 — 어린이용 침낭은 누가 쓸까?

A 어린이가 쓰다  **B 어른이 쓰다**

해가 지고 날이 어두워졌어. 지금 집으로 돌아가면 위험할 테니까 오늘은 체육관에 마련된 대피소에서 자기로 했어. 집에서 침낭을 가져왔는데, 세 개는 평범한 침낭이고 하나는 귀여운 곰 모양 침낭이야. 유리에게 귀여운 침낭을 주려고 했는데, 창피해서 싫다고 화를 내. 어쩌지….

결과는 98쪽

 ## CASE 4 — 대피소 화장실이 더럽다면

A 자원봉사자에게 말하기  **B 스스로 청소하기**

소변이 마려워서 학교 화장실에 갔더니, 변기 주변이 무척 더러워. 빨리 대피소에 있는 자원봉사자에게 말해서 깨끗하게 청소해 달라고 해야 할 것 같아. 그런데 변기 바로 옆에 청소 도구가 있네. 누군가에게 부탁하지 말고, 내가 직접 청소할까?

결과는 99쪽

CASE 5 이상한 소문이 돌아다닌다면

A 반박하기 **VS** **B** 도망치기

지후를 보러 좀비 진료소에 방문했어. 그런데 모르는 사람들이 휴대폰을 보면서 "어린이는 좀비로 변하면 회복할 수 없대!"라며 수군거리고 있어. 그중 한 명이 손가락질하면서 "좀비에게 긁힌 남자아이를 데려왔지? 너도 혹시 좀비로 변하는 거 아냐?"라며 몰아세우기 시작했어. 하지만 좀비 박사는 좀비도 치료하면 낫는다고 했으니까, 이 사람들이 틀린 거 아닐까?

결과는 99쪽

결과 확인! 대피소에서의 행동은 **성공? 실패?** >>> '**살아남는 방법**'을 체크하자!

7th 서바이벌 · 좀비보다 무서운 것?
살아남는 방법

이래야 산다!

대피소에서의 트러블을 피하기 위해 어떤 선택을 했니? 과연 무슨 일이 벌어질까?
설명을 잘 읽고 서바이벌 능력을 키워 보자!

CASE 1 　 대피소에서 식사한다면

따뜻한 즉석식품을 먹고 싶다는 생각이 들겠지만, 여기에서는 'A 차가운 주먹밥'을 먹도록 하자. 대피소에 있는 사람들 중에는 따뜻한 식사를 할 수 없는 사람도 있어. 나만 가지고 있는 것, 또는 맛있는 냄새가 풍기는 것을 꺼내서 다른 사람들 앞에서 먹는 건 좋지 않아. 가능하면 대피소 사람들과 똑같은 것을 먹도록 하자.

CASE 2 　 배급받은 물은 어떻게 하지?

사람이 많은 대피소에서는 다른 사람이 실수로 나의 페트병을 가지고 갈 수도 있어. 물건을 배급받으면 바로 'A 이름 써 두기'를 하자. 필요할 때 바로 마실 수 있도록 가까이 두는 것도 중요하지만, 내 물건이라고 표시해 두는 게 먼저야. 물이 담긴 페트병 말고도 가지고 있는 물건에는 모두 이름을 쓰자.

CASE 3 　 어린이용 침낭은 누가 쓸까?

사람이 많이 모이는 장소에서는 어린이를 노린 범죄가 일어나기도 해. 한눈에 어린이용임을 알 수 있고 눈에 띄는 물건은 최대한 사용하지 않는 게 안전해. 그러니까 곰 모양의 침낭은 사이즈는 좀 작더라도 'B 어른이 쓴다'가 정답.

CASE 4 대피소 화장실이 더럽다면

대피소는 모두가 힘을 합쳐 운영하는 곳이야. 그러니까 너도 편안한 대피소를 만들기 위해 협력해야 돼. 도울 수 있는 일을 발견하면 적극적으로 돕자. 화장실 외에도 더러운 장소를 발견하면 'B 스스로 청소하기'를 실천하는 거야. 모두가 대피소에서 쾌적하게 생활하도록 노력하자!

CASE 5 이상한 소문이 돌아다닌다면

패닉 상황에서는 "어린이는 좀비가 되면 회복할 수 없다.", "어린이는 몸집이 작아서 금방 좀비로 변한다."처럼 이상한 소문이 꼭 떠돌기 마련이야. 소문이 거짓이라는 걸 알고 있더라도, 말싸움은 피하도록 하자. 말대꾸를 하면 화내는 사람도 있거든. 그럴 때는 일단 그 자리에서 'B 도망치기'. 맞서는 것만이 정답은 아니야!

FINAL CHECK

- 식사를 할 때는 남들과 비슷한 음식을 먹자.
- 내 물건은 이름을 적어 확실하게 관리하자.
- 이상한 소문은 대응하지 말고 무시하자.

아이템

미리 준비해서 위험을 대비하자!

🗃 빵 통조림

빵 통조림은 최대 5년까지 보관할 수 있어. 언제 정상화될 지 모르는 상황에서 챙겨 두면 좋아. 맛도 좋으니 일석이조!

> 플레인, 초코, 딸기 등 맛도 다양해.

🗃 크로스 백

지갑 등의 귀중품, 펜과 메모장 같은 물건은 크로스 백에 따로 넣어 두면 움직이기 편리할 거야.

> 귀중품은 크로스 백에 넣자!

🗃 헬멧 모자

헬멧처럼 쓰는 모자로, 모자 안쪽에 보호 패드가 붙어 있어. 각종 재난과 사고로부터 머리를 보호해 줘.

> 오랜 시간 동안 편안하게 쓸 수 있어.

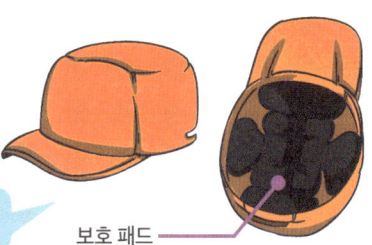

보호 패드

TRAINING 트레이닝

커뮤니케이션 능력을 기르자!

자원봉사에 참가해 보자

대피소에서 일을 돕고 싶어도, 처음에는 어렵고 쑥스러울지도 몰라. 평소 학교나 동네에서 하는 봉사 활동에 참가해 보자! 여러 사람과 교류해 볼 수 있는 기회가 될 거야.

다른 사람의 말을 잘 듣자

학교 선생님이나 가족이 진지하게 이야기해도 네가 대충 흘려들으면 말짱 도루묵이야. 대피소 리더의 이야기를 귀담아듣지 않으면 위험한 상황을 초래할 수도 있어. 평소에 다른 사람의 말을 귀 기울여 듣도록 하자.

칼럼 — 벌레가 벌레를 좀비로 만든다?

벌의 일종인 보석말벌은 바퀴벌레의 가슴에 독을 주입해서 마비시킨 다음 뇌에도 독을 주입해. 그러면 바퀴벌레는 꼼짝없이 움직임을 조종당하게 되고, 좀비처럼 보석말벌의 둥지까지 걸어가. 그 후 보석말벌은 바퀴벌레의 몸속에 알을 낳아서 애벌레의 먹이로 삼지.

NEXT 서바이벌

힘을 합쳐
마지막으로 싸워라!

대피소에서 발생한 이상한 소문과 상황을 피하기 위해

준, 유리, 엄마는 집으로 돌아가기로 했어.

아빠는 지후를 돌보기 위해 혼자 남았지.

그런데 세 사람이 대피소를 나온 순간,

맞은편에서 수상한 신음 소리가…!

"좀비 무리야! 빨리 좀비 진료소에 있는 사람들에게 알려야 해!"

많은 사람을 지키기 위해, 너라면 어떻게 할래?

8th 서바이벌

서로 힘을 합치자!

좀비 무리와 마주친 준이네 가족. 한시라도 빨리 좀비 진료소로 돌아가 이 위기를 헤쳐 나가야 해! 지금까지 배운 것을 활용하고, 좀비 박사와 대피소 사람들과 힘을 합쳐 좀비에게서 몸을 지키자!

8th 서바이벌
서로 힘을 합치자!

너라면 어떻게 할래?

A와 B 어느 쪽?

살아남기 위한 어드바이스!

◆ 팀을 만들자!

좀비 무리에게 맞서려면 힘을 합쳐야 해. 팀을 이끄는 리더는 좀비 진료소에 있던 좀비 박사야!

◆ 싸우기 유리한 장소로 좀비를 유인하자!

사람이 많으면 넓은 곳에서 좀비를 에워싸고, 사람이 적으면 좁은 곳으로 유인해서 맞서는 등 유리한 곳에서 결전을 펼치자.

◆ 좀비의 공격에 대처할 방법을 생각하자!

좀비에게 물리거나 할퀴를 당하지 않도록 조심해야 해. 이대로라면 좀비의 수는 계속 늘어날지도 몰라. 좀비의 공격에 대책을 세워 보자!

혼자 힘으로는 좀비 무리와 절대 맞설 수 없어!

좀비 습격을 어떻게 알릴까?

A 서둘러 대피소로 돌아간다 **B** 휴대폰으로 사진을 찍는다

학교 바로 근처까지 좀비 무리가 몰려오고 있어! 빨리 이 사실을 좀비 박사와 아빠, 좀비 진료소와 대피소에 있는 사람들에게 알려야 해! 하지만 그 전에 좀비 무리의 상황을 기록해 둘까? 지금 당장 돌아가지 않으면 좀비에게 둘러싸여서 위험해질 것 같은데….

결과는 110쪽

좀비 습격에 어떻게 대처할까?

A 다 같이 무기를 찾는다  **B** 팀을 나눠서 역할을 분담한다

좀비가 몰려오고 있다는 사실을 곧장 좀비 박사에게 알렸어. 그러자 박사가 다른 사람들에게도 소식을 전해 주었지. 다들 상황은 이해한 것 같은데, 충격을 받아서 어떻게 하면 좋을지 모르는 것 같아. 좀비가 오기 전에 빨리 이런저런 준비를 해야 하는데 어떡해야 할까?

결과는 110쪽

좀비를 유인하려면

A 자동차 경적을 울려 유인하기 **B** 방송실에서 교내 방송하기

좀비의 침입을 막기 위해 교문을 닫으러 간 사람들이 그냥 되돌아왔어. 아무래도 좀비가 벌써 학교 안까지 침입해 버린 모양이야! 좀비 박사는 "좀비를 어디 한곳으로 모아야 하는데…."라고 말했어. 주차장의 자동차에서 경적을 울려 유인할까? 그러고 보니 도망치고 있는 사람들 중에 방송부 친구가 있는데….

결과는 110쪽

좀비의 움직임을 어떻게 막지?

A 소화기나 석회 가루로 시야 흐리기 **B** 다 같이 봉을 들고 포위하기

좀비를 유인하기는 했는데, 흩어지지 않게 하려면 어떻게 해야 할까? 어떻게든 한곳으로 모아야 해! 체육관 창고에 무언가 쓸 만한 것이 없을까? 뜀틀이나 공이 든 바구니는 장애물로 쓸 수 있겠어. 그 밖에는 소화기와 손수레, 길쭉한 봉이 달린 콩 주머니 바구니가 있는 것 같아.

결과는 111쪽

좀비를 어떻게 붙잡을까?

A 그물을 씌운다  **B** 커튼을 씌운다

드디어 좀비들을 한곳으로 몰아넣었어. 단숨에 움직임을 봉쇄하고 싶지만, 직접 손을 댈 수는 없는 상황. 무언가 덮어씌울 만한 게 있으면 좋을 것 같은데… 지금 여기에 있는 것은 배구용 네트와 음악실에서 가져온 검고 두툼한 암막 커튼뿐이야. 최대한 좀비들이 날뛰지 않도록 붙잡아 두려면 어떤 걸 씌우는 게 좋을까!?

결과는 111쪽

결과 확인!
좀비와의 마지막 결투는 성공? 실패? >>> '살아남는 방법'을 체크하자!

8th 서바이벌 · 서로 힘을 합치자!
살아남는 방법

이래야 산다!

좀비와의 마지막 싸움에서 어떤 선택을 했니? 과연 무슨 일이 벌어질까?
설명을 잘 읽고 서바이벌 능력을 키워 보자!

CASE 1 좀비 습격을 어떻게 알릴까?

좀비의 습격을 알릴 때는 말로 하기보다 사진이나 동영상을 찍어 전달하는 게 더 효과적이야. 'B 휴대폰으로 사진을 찍는다'가 정답! 내 목소리나 몸의 일부가 함께 촬영되어 있으면 다른 사람들이 더 믿을 수 있겠지.

CASE 2 좀비 습격에 어떻게 대처할까?

수많은 사람이 모여 있을 땐 누군가 리더가 되어 각각 역할을 줘야 해. 그러지 않으면 사람들이 움직이려고 하지 않거든. 나 혼자 무기를 발견해도, 좀비에게는 팀으로 맞서지 않으면 소용없어. 그러니 입구를 봉쇄하는 팀, 바리케이드용 도구를 찾아 가져오는 팀, 옥상에서 좀비를 감시하는 팀 등 각자의 역할을 분명히 나눠야 해. 그러니 'B 팀을 나눠서 역할을 분담한다'가 정답이야.

CASE 3 좀비를 유인하려면

CASE 3에서는 소리에 민감한 좀비의 특징을 이용하자. 이때 'B 방송실에서 교내 방송하기'로 좀비를 유인하는 거야. 방송실에서 스위치를 조작해 체육관에만 방송이 울리도록 설정하면, 좀비를 손쉽게 체육관으로 유인할 수 있어. 자동차 경적을 울리는 것도 틀린 방법은 아니지만, 자동차에 탄 사람은 도망칠 수 없어. 게다가 학교 밖으로 유인하기는 어려워.

CASE 4 좀비의 움직임을 어떻게 막지?

좀비의 시야를 흐리게 만드는 건 추천하지 않아. 좀비는 원래 눈이 나쁘니까 별 효과가 없을 거야. 오히려 좀비가 쓸데없이 날뛰게 되거나, 내 시야만 흐려질 수 있어. 창고에 있는 공 바구니나 교실에 있는 대걸레 등을 이용해 'B 다 같이 봉을 들고 포위하기'를 시도하자. 좀비가 공격하지 못할 만큼 거리를 확보하면서 한곳으로 안전하게 몰아넣을 수 있어.

CASE 5 좀비를 어떻게 붙잡을까?

'B 커튼을 씌운다'가 정답이야. 배구용 네트를 사용하면 움직이지 못하게 할 수는 있지만 좀비의 귀나 코, 눈을 가리지는 못해. 음악실에 있는 커튼(암막 커튼)을 좀비에게 던져서 씌우는 걸 추천해. 두툼한 커튼은 확실하게 눈과 귀를 가릴 수 있거든. 냄새도 잘 전달되지 않으니 좀비를 얌전하게 만들 수 있을 거야.

FINAL CHECK
- 역할을 확실하게 나눠 팀을 만들자.
- 좀비를 한곳에 몰아넣으면 거의 해결.
- 좀비의 눈, 코, 귀를 가려서 붙잡자.

8th 서바이벌 클리어!

아이템

단단한 팀워크를 위해!

번호 유니폼

대피소에서는 이름을 모르는 사람이 있을 거야. 번호 유니폼이 있으면 서로를 번호로 부르면 되겠지? 팀워크를 다지기 좋을 거야!

> 서로 번호를 부르며 친해지자.

무전기

무전기는 정전되었을 때에도 사용할 수 있어. 비상시에 연락을 주고받을 때 안성맞춤이지. 어린이용도 판매하고 있어.

> 군인들도 사용하는 연락법이야!

쓰레기봉투 · 박스 · 신문지

우리 가까이에 있는 최강 아이템이야. 쓰레기봉투를 부풀려서 쿠션으로 쓰거나, 박스와 신문지로 추위를 막는 등 사용하기에 따라서 무척 도움이 돼.

> 비상시에 아주 쓸모 있는 삼총사!

TRAINING 🏋 트레이닝

예습과 복습을 하자!

📖 일기 쓰기와 메모하는 습관을 기르자

과거에 배운 지식은 위기 상황에서 도움이 돼. 직접 본 것과 다른 사람에게 들은 것을 평소에 일기로 쓰거나 메모하는 습관을 기르자. 휴대폰은 전원이 꺼질 염려가 있으니, 손으로 쓰는 걸 추천해.

🎬 좀비에 관한 작품을 보자

만약 우리 눈앞에 진짜 좀비가 나타난다면? 그럴 때 좀비가 등장하는 영화나 책 등을 본 기억이 도움이 될 거야. 애니메이션이나 게임에서도 서바이벌 지식을 얻을 수 있어. 이 책도 가족, 친구와 함께 읽고, 언젠가 발생할 좀비 사태에 대비하자!

칼럼 — 좀비가 너무 좋아! 미국의 영화감독 조지 로메로

어릴 적부터 영화를 아주 좋아한 조지 로메로는 영화감독이 되어 <살아 있는 시체들의 밤> 등 수많은 좀비 영화를 만들었어. 지금 우리가 흔히 생각하는 좀비의 이미지는 조지 로메로 감독이 만들어 낸 것이지. 안타깝게도 그는 2017년에 세상을 떠났어.

좀비 박사가 개발한 약으로 좀비가 된 사람들을 원래대로 되돌려놓을 수 있었습니다.

이윽고 국내 각지에 치료를 위한 '좀비 진료소'가 설치되었고

대피소로도 이용할 수 있는 이 시설이 좀비 대책의 거점이 되었습니다.

좀비 사태를 수습하기 위해서는 전 세계가 힘을 합쳐야 했는데요.

시민의 안전을 지키기 위한 아이템, 포획 트럭과 유인 드론을 개발하는 등 좀비 박사의 지시에 따라 좀비 사태 예방 대책이 진행되었습니다.

포획 트럭 '좀비 쏙쏙'

유인 드론 '좀비 여기여기'

이것이 좀비 사태 발생으로부터 약 1년 사이의 일입니다.

그리고 3년째인 지금

좀비를 잡고 치료하는 것은 감기에 걸려 낫는 것보다 쉬워졌습니다. 좀비의 위협은 거의 사라졌다고 할 수 있습니다.

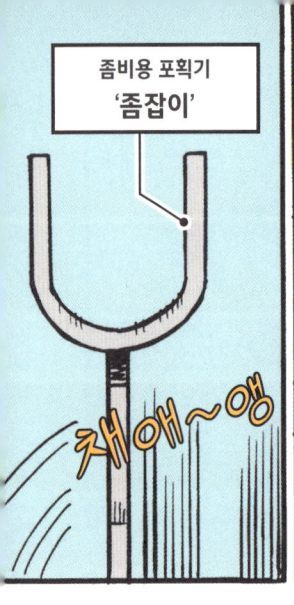

세계가 술렁인다! 좀비피디아

좀비를 처음 탄생시킨 종교는?

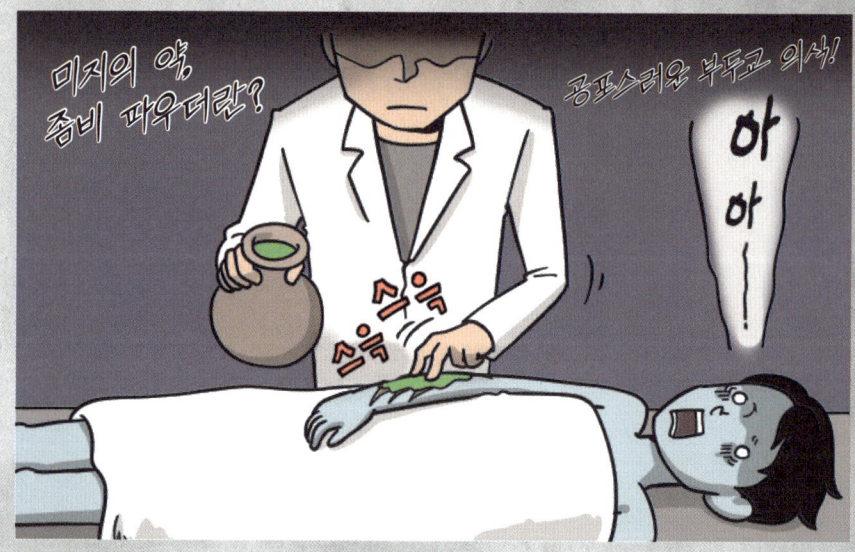

좀비와 관계가 깊은 부두교

29쪽에서도 소개했듯이, '좀비'는 콩고의 신을 뜻하는 '은잠비'라는 말이 중남미 및 카리브 제도의 나라들에 전해지면서 변한 거라고 여겨지고 있어. 그중에서도 카리브해에 있는 섬나라인 아이티에서 믿는 부두교가 좀비와 무척 관련이 깊다고 해. 부두교는 아이티 말고도 베냉이라는 아프리카 대륙의 나라에서도 믿는 종교야. 이 부두교에서 예로부터 전해져 내려오는 의식으로 인해 좀비들이 탄생했다는 거야.

좀비피디아는 좀비의 역사와 세계의 좀비에 관련된 정보들이야. 잘 기억해 두고, 언제 발생할지 모를 좀비 사태에 대비하자!

좀비를 탄생시키는 수수께끼의 의식

우선 '보커'라고 불리는 사제가 죽은 사람의 무덤을 파서 몸이 썩어 버리기 전에 그 사람의 이름을 계속해서 불러. 그러면 죽었던 사람이 일어나서 좀비가 된다는 거야.

이렇게 좀비가 된 사람은 보커가 시키는 대로 오로지 일만 하게 된다고 전해지고 있어. 죽은 사람의 가족들은 보커가 죽은 사람을 함부로 좀비로 만들지 못하도록 무덤을 계속 감시했다고 해.

죽은 사람을 되살리는 좀비 파우더

부두교 의식에서 보커는 단순히 이름을 부르기만 하는 게 아니라 '좀비 파우더'라는 신비한 약을 사용해서 죽은 사람을 좀비로 탄생시킨다고 해.

캐나다의 인류학자인 웨이드 데이비스의 연구에 따르면, 이 좀비 파우더에는 복어의 맹독으로 알려진 '테트로도톡신'이 포함되어 있대. 복어 독이 좀비를 만드는 수단으로 사용되다니 놀라운 일이지?

이 테트로도톡신이 포함된 좀비 파우더를 쓰면 사람이 가사 상태(살아 있지만 죽은 것처럼 보이는 상태)가 된다고 해. 이 상태에서 사람은 의식이 몽롱해지고 보커들의 명령이라면 뭐든지 따르게 된다는 거야. 단, 테트로도톡신으로는 가사 상태를 만들 수 없다는 반론도 많아서 사실인지는 알 수 없어.

좀비를 만난 사람이 있다고?

좀비 목격담이 많은 나라, 아이티

그동안 '좀비는 이야기나 상상 속의 괴물이잖아?' 하고 생각했지? 조금 전 소개한 부두교와 관계가 깊은 아이티에서는 실제로 좀비를 봤다는 목격담도 많이 나오고 있어.

어느 날 오빠를 잃은 한 여성이 시장을 걷고 있었는데, 너덜너덜한 옷을 걸친 익숙한 남성이 비틀거리며 눈앞에 다가왔대. 이야기를 나눠 보니 그 남성의 이름이 죽은 오빠와 똑같았지. 이 이야기는 아이티에서 좀비 연구를 하던 의사에게도 전해졌어. 의사가 즉시 남성의 가족과 친구들을 조사했고, 그 결과 어릴 적의 추억 등 죽은 오빠의 기억과 똑같은 점이 있었다고 해.

그 밖에도 아이티에서는 죽은 사람이 좀비가 되어 나타났다는 사례가 아주 많아. 물론 죽은 사람과 아주 닮은 사람을 좀비라고 오해한 경우도 있으니, 확실한 정보라고는 할 수 없어. 하지만 수많은 목격담 전부가 거짓말이라고 하기는 어렵지 않을까?

급기야 미군도 나섰다?
실재하는 좀비 대책 매뉴얼!

'좀비 습격'을 가정한 훈련 매뉴얼

미국의 CDC가 좀비 대책에 관한 자료를 발표했다는 것을 65쪽에서 소개했지? 그 발표로부터 약 한 달 전인 2011년 4월, 미군은 좀비의 습격을 대비한 가상훈련 매뉴얼을 공개했어. 매뉴얼에는 좀비의 종류와 좀비가 나타났을 때 공격하고 방어하는 법 등 실전에 관한 내용이 적혀 있어.
하지만 이것은 어디까지나 가짜야. 실제 훈련에서, 이를테면 한국을 적으로 가정한 매뉴얼을 사용한다면 한국과의 관계가 틀어지고 말겠지. 그래서 일부러 '상식적으로는 있을 수 없는 적'을 '좀비'로 설정한 거야.
가상이라고는 하지만 훈련을 거듭한 미군이라면 진짜 좀비 사태가 일어나도 인류를 지킬 수 있지 않을까?

마주치게 되면 조심해! 세계의 언데드들.

'언데드(undead)'란 분명 죽었는데 어떠한 힘으로 인해 다시 움직이기 시작한 존재를 말해. 좀비도 언데드 중 하나야. 세계 각지에 전해지는 언데드들을 소개할게.

스켈리턴

유럽에 전해지는 뼈만 남은 상태의 언데드. 갑옷을 입고, 검과 방패를 들고 있는 모습이 많아. 그중에는 뼈만 남은 채 말을 탄 기사 스켈리턴도 있어.

미라

온몸에 붕대를 칭칭 감은 언데드야. 고대 이집트의 피라미드나 유적 등을 찾으러 간 인간을 공격한다고 알려져 있어.

뱀파이어

뱀파이어는 밤중에 무덤에서 나와 살아 있는 인간의 피를 빨아 먹는다고 해. 피를 빼앗긴 인간도 뱀파이어가 된다고 하니, 좀비와 비슷하지.

강시

중국에 전해지는 요괴의 일종이야. 죽은 사람인데 밤마다 움직이면서 사람들을 놀라게 해. 하늘을 날거나 초능력을 쓰는 강시도 있어.

감수 다카니 도모야

대비·방재 어드바이저로 강연 및 집필, 컨설팅에 종사하는 프리랜서 전문가이다.
'대비·방재는 일본의 라이프스타일'을 테마로, 대지진이나 감염병 팬데믹 등의 자연재해로부터
생명을 지키는 방법, 총기를 사용하지 않고 좀비를 대처하는 방법 등 어렵고 낯선 방재 지식을
알기 쉽게 전달한다. 유튜브 '소나에루TV'에도 방재 동영상을 올리고 있다.
감수한 책으로 『긴급 사태 선언 대응: 최선 최강의 방재 가이드북』 등이 있다.

그림 하나코가네이 마사유키

만화가 겸 일러스트레이터로, 주간 『소년 점프』 제39회 아카쓰카상에 준입선했다.
지은 책으로 『5000엔 여행』, 그린 책으로 『이상한 생물 연구소: 깜짝 놀랄 반전 결말』 등이 있다.

글 G.B.

다양한 콘텐츠 기획과 제작을 아우르는 전문 편집 집단이다.

옮김 김지영

이화여자대학교 국어국문학과를 졸업하고 같은 학교 통역번역대학원에서 번역학 석사 학위를 받았다.
현재 출판 번역 에이전시 유엔제이에서 전문 번역가로 활동하고 있다.
옮긴 책으로 「요괴의 아이를 돌봐드립니다」 시리즈와 「분실물 가게」 시리즈, 『정리 정돈』,
『꿈이 자라나는 시간 사용법』, 『고양이의 비밀』, 『도깨비 소녀는 오늘부터 영화배우』 등이 있다.

주요 참고 문헌

『일러스트 도해 유언비어의 심리학: 무서운 군중심리의 메커니즘』 사이토 이사무 감수
『긴급사태 선언 대응: 최선 최강의 방재 가이드북』 다카니 도모야 감수
『경시청 재해대책과 트위터: 방재 힌트 110』 니혼게이자이 신문 출판사 편찬
『서바이벌 독본 자연계에서 며칠 동안 살아남기 위한 테크닉 모음』 가사쿠라 출판사 편찬
『좀비학』 오카모토 다케시 지음
『좀비 서바이벌 가이드』 맥스 브룩스 지음
『좀비의 과학: 되살아남과 마인드 컨트롤 탐구』 프랭크 스웨인 지음
『중소기업을 위한 BCP 책정 퍼펙트 가이드』 다카니 도모야 지음
『초진화판 좀비 사용 설명서』 리빙데드 조사반 지음

사진 출처

29쪽 은잠비_위키미디어

41쪽 도깨비 산수귀문전_위키미디어

53쪽 영구 동토_위키미디어

101쪽 보석말벌_위키미디어

113쪽 조지 로메로 감독_위키미디어

웅진주니어

너라면 어떻게 할래? 만약에 서바이벌

하굣길에 좀비를 만났다?

초판 1쇄 발행 2025년 9월 3일 | 감수 다카니 도모야 | 그림 하나코가네이 마사유키 | 글 G.B. | 옮김 김지영

발행인 윤승현 | 편집장 안경숙 | 편집 최새롬, 정아름 | 디자인 808

마케팅 정지운, 박현아, 김지윤, 황지영

제작 신홍섭 | 국제업무 장민경, 오지나

펴낸곳 (주)웅진씽크빅 | 주소 경기도 파주시 회동길 20 (우)10881

문의전화 031)956-7440(편집), 031)956-7569, 7570(마케팅)

홈페이지 www.wjjunior.co.kr | 블로그 blog.naver.com/wj_junior | 인스타그램 @woongjin_junior

출판신고 1980년 3월 29일 제406-2007-00046호 | 원제 キミならどうする!? もしもサバイバル ゾンビから身を守る方法

한국어판 출판권 ⓒ 웅진씽크빅, 2025 | 제조국 대한민국 | 사용연령 5세 이상

KIMINARA DOSURU!? MOSHIMO SURVIVAL ZOMBI KARA MIO MAMORU HOHO
Supervised by Takani Tomoya
Illustrations Copyright © Hanakoganei Masayuki 2020
Text Copyright © G.B. 2020
All rights reserved
First published in Japan in 2020 by Poplar Publishing Co., Ltd.
Korean translation rights arranged with Poplar Publishing Co., Ltd.
through Shinwon Agency Co., Ltd.

웅진주니어는 (주)웅진씽크빅의 유아·아동·청소년 도서 브랜드입니다. 이 책의 한국어판 저작권은 신원에이전시(Shinwon Agency Co., Ltd.)를 통해 저작권자와 독점계약을 맺은 (주)웅진씽크빅에 있습니다.

저작권법에 의해 한국 내에서 보호를 받는 저작물이므로 무단 전재와 무단 복제를 금합니다.

ISBN 978-89-01-29482-7·978-89-01-29481-0(세트)

• 잘못 만들어진 책은 바꾸어 드립니다.

⚠ 주의 1. 책 모서리가 날카로워 다칠 수 있으니 사람을 향해 던지거나 떨어뜨리지 마십시오. 2. 보관 시 직사광선이나 습기 찬 곳은 피해 주십시오.